내 인생의 주인으로
살기 위한 감정 수업

내 인생의 주인으로 살기 위한 감정 수업

초 판 1쇄 2020년 06월 29일

지은이 장혜진
펴낸이 류종렬

펴낸곳 미다스북스
총괄실장 명상완
책임편집 이다경
책임진행 박새연 김가영 신은서
본문교정 최은혜 강윤희 정은희 정필례

등록 2001년 3월 21일 제2001-000040호
주소 서울시 마포구 양화로 133 서교타워 711호
전화 02) 322-7802~3
팩스 02) 6007-1845
블로그 http://blog.naver.com/midasbooks
전자주소 midasbooks@hanmail.net
페이스북 https://www.facebook.com/midasbooks425

© 장혜진, 미다스북스 2020, *Printed in Korea*.

ISBN 978-89-6637-815-9 03190

값 15,000원

🔱 **미다스북스**는 다음세대에게 필요한 지혜와 교양을 생각합니다.

내 인생의 주인으로
살기 위한 감정 수업

장혜진 지음

오늘도
괜찮지 않으면서
괜찮다고 말한
나에게 필요한
감정 공부

미다스북스

당신의 잃어버린
감정을 되찾기를

우리가 가지고 있는 감정을 어떻게 다스리느냐에 따라 삶은 행복과 불행을 넘나든다. 실제로 벼랑 끝에 서 있는 것 같은 괴로운 마음이 들다가도 누군가의 말 한마디에 희망이 생기는 순간 금세 천국에 있는 듯한 기분을 느끼기도 한다. 달라진 건 아무것도 없고 오직 마음만 달라졌을 뿐인데 말이다.

감정은 생각보다 많은 힘을 가지고 있다. 나의 잠재되어 있는 능력을 이끌어내기도 하고, 불가능할 것 같은 상황에서도 기적을 만들어내기도 한다. 그런 감정의 능력을 제대로 활용하지 못할 때 우리는 많은 기회를 잃어버리게 된다. 그래서 나는 감정을 다루는 것이 우리의 삶에서 얼마나 중요한 것인지를 함께 나누고 싶다.

이 책을 통해서 나를 잃어버리지 않고 삶의 방향을 찾을 수 있는 법과 삶의 진정한 행복은 무엇인지를, 나 자신을 사랑하면서 상대를 포용할 수 있는 자세를 찾고자 했다. 많은 책에서 하나같이 자신을 사랑하라고 말한다. 너무도 뻔한 이야기지만 우리는 이런 뻔한 얘기를 많이 놓친다.

자신을 사랑해야 한다는 것을 잘 알지만 어떻게 해야 하는지 방법을 모르는 경우가 많기 때문일 것이다. 어떻게 하면 좀 더 당당해질 수 있을지, 타인의 시선을 의식하지 않고 오롯이 나를 위해 살아갈 수 있을지, 상대를 아프게 하지 않고 나를 드러낼 수 있는지, 내가 하는 일이 과연 옳은 일인지, 인생의 끝없는 고민들 속에서 나를 지켜내며 살기 위해 부단히 애쓰는 우리 모두에게 희망의 메시지를 전하고 싶다.

나는 감정 이입을 하는 능력을 타고난 것인지 상대가 슬퍼하면 나도 덩달아 슬퍼진다. 상대방과 마주하다 보면 그 사람의 감정 상태에 나도 함께 젖어든다. 그래서인지 상대와 공감하는 일이 적성에 잘 맞는 것 같기도 하다. 나는 병원에서 고객과 환자를 응대하고 상담해주는 일을 10여 년 넘게 해왔다. 많은 사람들과의 관계를 맺으며 서로 이해와 공감을 해야 하는 일이 우선이다 보니 그 안에서 많은 고충과 고민을 하며 조금씩 나 자신을 성장시켰다. 지금도 끊임없이 나는 나와 주변 사람들과 더 행복해지기 위해 수많은 감정을 알아가고 다스리고 있다. 언니, 동생, 누나, 친구처럼 서로의 고충을 털어놓고 그 상황을 생각하는 시간을 가져보고자 한다. 생각을 정리할 수 있는 시간을 통해 주변의 소중함을 알아가게 될 것이다.

일상에서 겪을 수 있는 이야기들을 통해 그때 느꼈던 감정을 생각하는 시간이 될 수 있길 바란다. 당연한 일상 속에서 한 번쯤 생각하는 시간을 갖다 보면 새로운 마음과 눈이 생기는 일을 경험한다. 나는 혹 어떤 것을 강요하거나 터무니없고 막연한 말을 제시하지 않을까 염려했다. 나는 단지 나와 같이 많이 지쳐 있는 당신에게 조금이라도 힘이 되길 바란다.

이 책의 제목처럼 인생의 주인으로 살아가기 위해 당신의 잃어버린 감정을 되찾길 바란다. 그것으로 당신이 지금보다 훨씬 더 행복해지고 더 나아가 당신의 주변 모두가 행복해질 수 있게 될 것이다.

목 차

1장   나는 왜 사소한 일에 쉽게 무너질까?

2장 불행하다면 먼저 감정 공부를 하라

3장 내가 원하는 감정을 선택하는 8가지 기술

4장　남에게든 나에게든 화내지 않는 연습

5장 인생의 모든 문제는 결국 감정 문제다

1 장

나는 왜 **사소한 일에**
쉽게 무너질까?

혼자가 편한 이유

"왜 이렇게 빨리 가는 거야. 걸음이 하도 빨라서 쫓아오기 힘들었어."

"아, 그랬어? 난 그냥 걸어가고 있었는데. 내가 걸음이 좀 빠른가?"

"나도 걸음이 빠른 편인데도 나보다 더 빠르다니까."

회사로 향하는 출근길에서 나를 본 동료가 뛰어와서 하는 말이었다. 산책을 하지 않은 이상 목적지를 두고 걸어가는 길에는 걸음이 빠른 편이다. 바쁘게 돌아가는 일의 특성 때문인지 성격이 조금 급한 편에 속한다. 그런 성격 탓에 누군가와 함께 하는 일보다 혼자 할 수 있는 것이 더 좋았다. 상대가 나보다 느리면 나도 모르게 시간을 재촉하게 될 것 같아 신경이 쓰이기 때문이다.

사실 일보다 더 신경이 쓰였던 건 사람과의 관계였다. 나는 그 안에서 상처를 받기도 하고 상대에게 상처를 주기도 했다. 일을 하는 데 노력을 기울이는 시간보다 어쩌면 서로가 겪은 갈등을 푸는 데 노력하는 시간이 더 길었는지도 모른다. 고래 싸움에 새우 등이 터진다는 말처럼 불필요한 감정싸움을 하느라 애꿎은 주변 사람들까지 덩달아 스트레스를 받아야 했다.

늘 달콤할 것만 같았던 사랑의 경험은 어땠을까? 서로의 일상을 세심하게 챙겨주고 배려해주며 작은 정성 하나로도 감동을 하고 굳이 말을 하지 않아도 서로의 표정과 눈빛만으로도 많은 것이 통했다. 하지만 이 역시도 시간이 흐르면서 서로의 관계는 점점 금이 가기 시작했고 그러다가 결국 이별의 통보를 받고 나서야 사랑도 영원하지 않음을 깨닫게 되었다.

사랑이라는 감정이 증오와 원망으로 변했을 때의 고통과 충격은 나 자신을 잃어버리게 만들었다. 감정이 사라진 그날부터 누군가에게 마음을 주는 일은 어려운 일이 되어버렸다. 오랫동안 아프고 나서야 나는 이제 그만 괜찮아지고 싶었다. 그래서 나의 감정을 계속 무시하며 애써 웃으려고 노력했다. 주변에서 하는 조언이나 위로도 더더욱 받고 싶지 않았다. 그들이 위로해주면 실연을 당한 것에 대한 확인 사실이 되어버린 것 같았기 때문이다. 아무것도 인정하고 싶지 않았고 나의 슬픔조차 외면하고 싶었다.

한때는 곁에 사람들이 많을수록 외로울 시간이 없을 것이라 생각했다. 주변 사람의 숫자가 내가 받는 사랑의 척도로 여겨졌다. 그리고 그들이 나의 지지자가 되어줄 것이라는 든든함과 그들로 인해 나는 참 좋은 사람이 된 듯한 기분이 들었다. 많은 인맥을 자랑하는 사람들은 분명 인성이 좋거나 사교성이 좋아 사회생활을 잘하고 있다는 것을 증명해주는 듯했다. 반대로 주변에 사람이 없다는 건 그 사람이 사회성에 문제가 있는 거라고 단정 지으며 관계에 연연했던 날들이 많았다. 그런 생각의 틀에서 사람들과 부대끼면서도 애써 참으며 억지로 관계들을 이어갔다. 단순히 넓은 아량으로 그들을 이해하기보다 사람들을 잃게 되는 것이 싫어서 되도록이면 마찰을 피해가는 일을 선택했다.

그렇게 관계들을 잃어가는 것에 대한 두려움이 늘 자리 잡고 있었다. 그것은 나의 상처를 계속 무시하도록 만들어버리는 일이었다. 행복을 위해 억지로 부여잡고 있었던 일들이 불행의 시간으로 이어져 나를 괴롭히고 있었던 것이다.

행복은 꼭 누군가와 함께해야 이룰 수 있는 것은 아니다. 상대와 함께하는 것이 행복이라면 서로 마음에서 멀어질수록 당신의 행복도 그만큼 멀어지게 되는 것이다. 진정한 행복은 상대가 아닌 자신에게 발견할 수 있어야 한다. 그 안에는 자신을 사랑하는 마음이 우선이 되어야 한다. 그래야 자신이 아파하는 것으로부터 벗어날 수 있다. 자신을 옭아매고 있는 마음의 족쇄를 풀 수 없는 건 나 자신보다 상대를 우선으로 두었기 때문이다. 자신을 향해 오롯이 달려갈 수 있을 때 당신이 원하는 행복을 찾을 수 있게 된다.

혼자 있는 것이 두려웠고 낯설었던 그때는 늘 함께했던 익숙함에 홀로 뚝 떨어진 외로움을 견딜 자신이 없었다. 하지만 홀로 생활하는 법을 배우고 나서부터는 혼자 있을 때가 가장 편안한 시간이 되었다. 그동안 멀리했던 자유로운 취미 생활을 마음껏 즐길 수 있었고, 많아진 시간 덕분에 떠나고 싶은 여행도 다녀볼 수 있었다. 혼자의 시간은 외로움도 충분히 즐길 만한 낭만의 시간이었다.

혼자 있는 시간이 익숙해지면서 나는 많은 것을 얻었다. 상처를 바라보는 것이 더 이상 두렵지가 않았고, 상대의 마음을 억지로 강요하거나 설득하려 하지도 않았고, 내 뜻대로 되지 않는다고 해서 불안해하거나 화를 내는 일도 없었다. 그동안 보지 못했던 상대방의 마음도 이해가 되었고 기다려줄 수 있는 마음도 점점 늘어갔다. 애써 잡으려 했던 그 모든 것이 아무런 의미가 없다는 것을 깨달은 순간부터 달라진 것이었다.

아무리 노력한다고 해서 모든 사람과 행복해질 수 있는 건 아니다. 나와 맞지 않은 사람들과도 어쩔 수 없이 마주하면서 살아가야 하는 현실이다. 자신의 감정을 상대와 굳이 하나로 연결할 필요는 없다. 서로가 다름을 인정하고 함께 공유해야 하는 범위 안에서 교류하고 서로가 지켜야할 한계선을 침범하지 않으면 된다. 상대를 억지로 자기 안으로 끌어들이려고 하는 순간 아무런 소득 없이 자신만 지칠 뿐이다.

인간은 혼자서는 살아갈 수 없는 존재이긴 하나 인생을 혼자서 걸어가야 하는 수많은 길에서 오롯이 자신의 힘으로 헤쳐나갈 수 있는 힘이 필요하다. 그래야 자신이나 상대방을 위해서도 아프지 않게 서로 지켜줄수 있게 된다. 그동안 우리가 끌어안고 있었던 건 스스로 내려놓지 못한 욕심이었다. 상대의 마음을 갖지 못해 불안했던 소유와 집착이라는 욕심이 남들의 시선과 자신이 정해놓은 행복이라는 범위에서 머물기 위해 애쓰고 있었던 것이다.

홀로 서는 법은 곧 상대를 놓아주는 법이다. 그래야 자신의 마음을 알아주지 못해서 서운해하거나 상대의 빈자리로 외로워하거나 상대가 주는 상처로 괴로워하지 않게 된다. 그렇게 남들과 상관없이 당신이 언제든 행복해질 수 있고 자신이 홀로 서 있는 것을 당연하게 받아들이는 순간이 왔을 때 비로소 성숙해질 수 있게 된다.

이제는 혼자 있다고 걱정할 일도 혼자가 될까 봐 두려워할 일도 아니다. 인생의 첫 번째는 당신 스스로 홀로 행복해지는 법을 알아야 하는 것이다. 남들에게 얻을 수 있는 행복은 언젠가 사라질 수 있는 신기루 같은 것이다. 영원한 것은 없듯이 당신 곁에 끝까지 남아 있는 건 오직 자신뿐이기 때문이다. 당신이 불행하면 상대까지 불행해질 수 있다는 것을 기억하자. 독립된 인생이어야 자신의 행복도 스스로 지킬 수 있게 된다.

2

이건 자존심일까 자존감일까?

1년에 한두 번 모이는 동창생들과 만난 자리였다. 서로의 안부를 물으며 각자 사는 이야기를 주고받았다. 한 친구는 대기업 직장에 다니면서 매년 여행을 즐기면서 살고 있었고, 한 친구는 결혼을 해서 아이를 키우는 재미에 푹 빠져 행복해하고 있었으며, 또 어느 친구는 사업을 시작해서 나름대로의 성공의 길을 달리고 있었다. 그렇게 서로의 이야기에 쉴 틈 없이 탄성과 웃음이 끊이질 않았다. 한 친구가 나에 대해 물었다.

"넌 요즘 어떻게 지내고 살아?"

"그냥 뭐~ 회사, 집 왔다 갔다 하면서 살고 있어."

"야, 싱글이면 나 같으면 즐기면서 살겠다. ○○처럼 즐기면서 재미있게 살아봐. 난 싱글들이 부러운데 넌 하나도 안 부럽다."

친구가 가볍게 던진 말은 나의 감정을 상하게 만들었다. 누구와 비교하는 말은 어떤 내용도 좋게 받아들일 수는 없었다.

누군가와 비교를 당하거나 상대방으로부터 존중받지 못하고 있다는 생각이 들 때 어떻게 대처해야 할까? 자존심을 내세워 화를 내거나 아니면 스스로 위축되어 자존감이 낮아지거나, 그렇게 자존심과 자존감 사이에서 고민을 하게 된다.

자존심은 자신을 강하게 만드는 자기 자신의 가치를 높이 평가하는 마음이다. 자존심이 있어야 나 스스로를 지키고 더 나은 사람으로 발전시킬 수 있다. 하지만 그런 자존심이 필요 이상으로 강해지면 자신을 단단하게 만드는 것을 넘어서 날카로운 방어막이 되기도 한다. 그것은 타인에게서 인정받고자 하는 마음을 얻지 못했을 때 생겨나는 가시 같은 것이다. 가시가 많은 사람은 상대가 쉽게 다가설 수 없다. 만약 당신이 가시로 둘러싸여 있다고 상상해보자. 어려움에 처해 있을 때 자신의 가시로 인해서 상대는 당신의 손을 잡아줄 수도, 도움을 줄 수도 없다. 우리는 혼자서는 살아갈 수 없는 세상에 살고 있다. 사람과의 원만한 관계를 위해서는 자신의 날카로운 방어막을 다듬어야 한다. 그렇다면 자존감은 무엇일까? 자존감은 타인과의 관계에서 벗어나 자신을 사랑하고 존중하는 마음이다. 그런 마음은 자신을 조금 더 냉철하게 관찰할 수 있게 한다. 그래야 스스로의 부족한 부분을 인정하고 그 부분을 성장시켜 자신의 가치를 만들어갈 수 있다. 내면이 성숙하면 타인에게도 너그러워질 수 있다. 만약 상대가 당신에게 거칠게 다가온다면 좀 더 유연하게 포용하면서 탄력적으로 상대를 제압할 수 있다. 똑같은 속도로 상대와 부딪히게 된다면 둘 다 큰 상처로 남게 되는 것은 자명한 일이다.

나는 늘 바쁜 스케줄에 익숙해져서 그런지 바쁘지 않아도 마음이 급해 빨리빨리의 한국인 습성처럼 일한다. 한번은 누군가가 나에게 성격이 너무 급한 것 같다는 말을 해준 적이 있다. 그때 나는 내가 성격이 급하다는 것을 인지하기 시작했고, 그것을 고쳐보려고 애썼다. 몸이 먼저 움직이려 할 때 한 템포 느리게 움직였고, 말을 내뱉기 전에 한 번 더 생각했다. 그렇게 쉬엄쉬엄하자는 마음으로 의식하며 일을 하기 시작했다. 그러고 나니 나의 삶에 변화가 일어났다. 늘 조급했던 마음이 편안해졌고 삶에 여유가 생기면서 업무에서 오는 스트레스를 덜 받기 시작했다. 만약 자존심 때문에 누군가의 말에 귀를 기울이지 않았다면 난 여전히 조급한 마음으로 생활을 하고 있었을 것이고, 사람들은 나의 업무 스타일로 인해 나를 멀리했을 것이다.

자존심과 자존감은 남녀의 연애에서도 확연하게 드러난다. 자존감이 낮은 사람은 자신보다 상대를 먼저 생각한다. 상대의 마음을 보느라 자신의 감정을 뒤로한 채 상대의 기분을 맞춰주면서 끌려가게 되는 것이다. 그러다 이별을 하게 되었을 때 받은 상처는 크게 다가온다. 그것은 이별의 문제 또한 사랑하지 않은 자기 자신에게 초점을 맞추고 있기 때문이다. 자신을 사랑하지 못하고 있는 자신과 함께하는 사람들은 이별의 아픔을 꽤 오랫동안 안고 살아간다. 자존심이 센 사람의 연애는 어떨까? 갑과 을을 계산하느라 머리가 아플 것이다. 상대방으로 인해 자신의 기분이 상하면 연락을 끊어버리기 일쑤고, 자신이 잘못을 저질러도 사과를 하는 것은 자존심이 허락을 하지 않는다.

결국 자존심 때문에 쉽게 이별하는 경우가 많다. 연애는 자존심과 자존감이 함께 공존한다. 자신이 먼저 성숙한 사람이 되어야 상대와도 성숙한 관계를 만들어갈 수 있다.

어느 날 회사 동료의 연애 고민을 들어주게 되었다. 남자친구가 자신에게 신경을 써주지 않아서 헤어지자고 했다고 한다. 그런데 그녀는 남자친구와 헤어진 것에 대해 몹시 힘들어하고 있었다. 자신은 헤어지려고 하는 마음보다 자신에게 신경을 써달라는 표현을 하기 위해 헤어지자고 한 것인데 쉽게 수긍해버린 남자친구에 대해 한편으로는 화가 나 있었다. 그렇게 그녀는 몇 날 며칠을 힘들어하더니 결국 본인이 전화를 걸어 남자친구를 다시 만났다. 웃지 못할 상황이 벌어진 것이다.

그 후로도 그녀의 남자친구는 그녀에게 무심했고, 만남을 지속했지만 그녀는 여전히 힘들어했다. 나는 왜 그렇게 힘들어하면서 계속 만나는지 물었다. "다른 사람을 앞으로 못 만날 것 같아서."라는 그녀의 힘없는 답변이 돌아왔다. 나는 그녀의 슬픔을 이해할 수 있었다. 나도 그와 같은 경험이 있었기 때문이다. 자존심은 있어서 상대에게 표현을 하지만, 반대로 낮은 자존감으로 스스로를 괴롭혔다. 상대와 사이가 틀어지면 나에게 문제가 있어서라고 생각했고, 그 생각은 나를 점점 주눅 들게 만들었다. 그런 마음이 스스로 못난 사람이라는 생각을 갖게 했고, 자신감마저 떨어진 상태가 되어버렸다. 그러다 보면 어느새 연애에서 자신의 마음보다 상대의 마음이 중요해지고, 상대의 기분을 살피는 연애의 '을'을 자처하게 되는 것이다. 그런 나 자신에게 변화를 주는 계기가 찾아왔다. 그 당시 친구한테 선물로 받은 자기계발서였다. 그 책에는 이런 문구가 있었다.

"이제라도 내가 나의 진정한 팬이 될 수 있어야 한다. 그래야 더 이상 타인의 시선에 목숨을 걸지 않고 행복할 수 있다."

김혜남의 『서른 살이 심리학에게 묻다』라는 책이다. 이 글귀는 그 당시의 자존감이 낮은 나에게 일어설 수 있는 용기를 주었다. 그때부터 나는 마음이 힘들거나 약해질 때면 자기계발서 종류의 책들을 읽었다. 책을 읽으면서 자존심과 자존감을 서서히 일깨우기 시작했다. 바르게 서 있는 자존심과 성숙하게 자라난 자존감은 나를 세상 밖으로 당당히 걸어갈 수 있게 해주었다. 그때부터 부정적인 생각들이 긍정적으로 바뀌었고, 상대와의 관계에서도 좀 더 너그러워질 수 있었다. 그렇게 조금씩 나의 마음의 그릇은 커지고 있었다.

자신의 슬픔에서 빠져나오기 위해서는 사랑과 관심을 다른 사람이 아닌 자신에게 쏟아야 한다. 자신을 사랑하는 법. 그것은 있는 그대로 조건

없이 당신을 사랑해주는 것이다. 만족할 만한 스펙을 갖추었을 때에만 스스로를 자랑스럽게 여기며 인정하는 것은 옳은 일이 아니다. 당신이 잘났든 못났든, 당신이 실패를 하거나 실수를 하는 상황에서도 실망과 자책이 아닌 자신을 끝까지 믿어주고 신뢰하는 것이다. 당신이 누군가와 사랑에 빠졌을 때 특별한 이유없이 그 상대의 모든 것이 다 사랑스럽고 허물조차도 전혀 문제가 되지 않는 것처럼 자기 자신에게도 그렇게 사랑 해주어야 한다. 그래야 남들로부터 흔들리지 않고, 자신도 흔들지 않게 된다. 자존심과 자존감은 결국 당신을 진정으로 사랑하게 되었을 때 얻을 수 있다.

3

왜 나 혼자만 희생하는 느낌일까?

희생은 다른 사람이나 어떤 목적을 위해서 자신의 목숨, 재산, 명예, 이익 따위를 바치거나 버리는 것이라고 사전에 나와 있다. 누군가를 위해서 자신을 희생한다는 것은 쉬운 일이 아니다. 그러나 그런 희생은 우리 주변에서도 쉽게 찾아볼 수 있다. 한 평생 폐휴지를 팔아 모은 돈으로 자신은 기초 수급자로 살아가는데도 자신보다 더 어려운 사람에게 전 재산을 기부하는 사람, 철도에 떨어진 사람을 구하기 위해 목숨을 던진 의인, 그리고 나라를 위해서 자신의 목숨을 바쳤던 독립군 등, 희생을 하는 사람들의 감동적인 이야기를 종종 듣게 된다. 이렇듯 감동과 교훈을 주는 희생 외에도 우리가 삶 속에서 겪는 나름대로의 희생도 있다. 현재 자신이 겪고 있는 희생은 무엇일까?

나는 상대방이 요구하는 부탁은 대부분 거절을 하지 못하고 늘 밝은 얼굴로 수용하려 애썼다. 그 일이 썩 내키는 일이 아닌데도 거절은 곧 상대와의 관계를 멀어지게 만드는 일이라고 생각했다. 늘 사람들과의 관계가 원만하기를 원했던 나는 그것이 나에게 조금은 번거로운 일이라고 해도 나의 작은 희생으로 좋은 상황으로 마무리를 지을 수 있다면 그것으로 괜찮았다. 그렇게 착한 사람이 되기 위해서 노력했고, 그것이 사회생활을 잘해내는 것이라 믿었다. 하지만 어느덧 나는 착한 사람이 아닌, 부탁을 해도 괜찮은 편안한 사람이 되어 있었다. 착한 사람으로 살기 위한 노력은 나의 일에 걸림돌이 되어버렸다. 바쁜 와중에 상대가 부탁한 것을 챙기느라 정작 내 일은 뒷전이 될 때도 있었고, 그 사이에 나의 일에 차질이 생기면 결국 손해는 나의 몫이었다. 행여나 자신이 부탁한 일이 마음에 들지 않았을 때 돌아오는 건 타박이었다. 그 뒤로는 '내 일도 많은데 내가 왜 이런 일들을 해야 하지?'라는 짜증과 원망이 생겨나기 시작했고, 그것은 피해 의식으로 번져갔다.

나와 같이 사람들의 부탁을 쉽게 거절하지 못하는 '착한 사람 콤플렉스'를 가진 사람들은 우리 주변에도 많다. 이들은 상대와 적을 두는 것을 원하지 않는다. 자신의 거절로 상대가 자신을 싫어하게 될까 봐 두려

위한다. 또한 그것으로 서로가 난처해지는 상황이 그려지면서 앞으로 그 일로 스트레스를 받게 될 상황이 자신이 없어진다. 그렇기에 싫은 소리는 잘 하지 못하고 속으로 꾹 참는다. 그런데 일도 관계도 마음 편하게 지낼 수가 없다면 그 희생은 과연 옳은 일일까? 자신이 했던 희생으로 상대에게 인정을 받을 수 있다고 생각하면 잘못된 생각이다. 상대는 당신이 희생을 하고 있는 것조차 모른다. 당신에게 부탁한 일은 당연한 일이 되어버렸고, 처음에는 부탁이었는데 나중에는 당신의 일이 되어버리는 상황을 맞이하게 될지도 모른다.

희생은 언제 어떻게 해야 하는 것일까? 내가 한 희생의 가치는 어느 정도일까? 희생에는 사랑이 따라야 한다. 앞에 언급했던 어려운 형편에도 자신의 재산을 모두 기부할 수 있었던 건 자신보다 더 어려운 사람들이 편하게 살기를 바라는 마음이었고, 철도에 떨어진 사람을 구해낸 의인도 한 생명을 구해야겠다는 마음 하나였다. 독립군 역시 조국을 사랑하는 마음으로 자신의 목숨을 바쳤을 것이다. 이러한 모든 것은 오로지 상대를 위하는 사랑이라는 마음에서 출발하였고, 그것으로 그들의 희생의 가치는 빛나게 되었다. 그러나 우리는 무엇을 위해 희생하려고 할까? 남들에게 인정받기 위한 희생이라면 남들에게 이용당하고 있는 피해자가 된 자신만 남게 될 것이다.

가치 있는 희생을 하려면 자신의 능력의 크기부터 알아야 한다. 내가 상대에게 희생하면서 나의 일에 피해가 가지 않고 충분히 그 상대에게 도움을 줄 수 있는지 먼저 체크해야 한다. 그리고 상대에게 준 도움에 대해 보상을 바라서는 안 된다. 전적으로 희생은 대가를 바라지 않고, 자신이 도움으로써 상대가 느끼는 행복에 만족감을 느끼는 것이어야 한다. 만약 대가를 바라는 희생이었다면 그것은 희생이 아니라 조건이 달린 계약이나 다름없다. 그렇기에 희생은 아무나 할 수 있는 것이 아니다. 만약 당신의 능력이 부족하여 남을 도와줄 수 없는 크기라면 상대의 부탁을 거절할 수 있는 법을 배워야 한다.

상대의 부탁을 고려할 때는 먼저 그 사람의 부탁을 들어줄 만한 타당한 이유가 있는지, 그것을 들어줄 충분한 능력이 되는지를 먼저 판단해야 한다. 당신의 한정된 시간에 당신의 일과 상대방의 일을 충분히 담아낼 수 있고, 그 일이 무엇 때문에 자신에게 온 것인지를 파악하자.

그리고 그 일을 좋은 마음으로 도와줄 수 있는 것이라면 그 부탁을 들어주어도 좋다. 그러나 그 부탁이 단순히 자신에게 떠맡기는 일이라면 단호하면서 정중하게 거절할 수 있어야 한다. 단순히 '싫다'고 말하는 것보다 당신이 무엇 때문에 그 부탁을 들어줄 수 없는지 설명해주어야 한다. 충분히 생각하며 결정한 일이라는 생각이 들게 하면 상대도 자신이 존중받고 있다는 느낌을 받을 것이고, 이유 있는 거절이기에 상대도 기분 상하지 않게 쉽게 수긍하게 될 것이다. 그러한 당신의 모습에서 상대는 앞으로 당신에게 도움을 요청하게 될 때 한 번 더 생각하며 신중한 태도를 보일 것이다.

요즘처럼 치열한 경쟁 속에서 자신의 실력을 보여줘야 하는 시대에는 더욱더 남을 돌아볼 여유가 없다. 남보다 더 빨리 앞서가야 하는 시대에 '희생'은 마치 내가 손해를 보는 것 같은 바보 같은 행동으로 여겨진다. 그러나 이 사회는 더불어 사는 공동체이다.

그러므로 누군가의 값진 희생은 우리의 삶을 더욱 따뜻하고 살 만한 세상으로 만들어가게 한다. 우리도 분명히 누군가의 희생으로 이 자리에 있기 때문이다. 희생할 수 있는 사람은 상대를 수용할 수 있는 마음이 넓다. 상대를 이해하고 공감하면서 그들의 행복과 아픔을 함께 나눌 줄 안다. 그런 마음의 여유로 자신도 기쁨을 느끼는 것이다.

〈국민일보〉 2017년 4월 24일자 기사에 실렸던 런던 마라톤의 가슴 뭉클한 사연이다. 참가자 중 데이비드 와이어스는 결승선을 180m 앞둔 지점에서 다리에 이상을 느꼈고 몇 걸음 더 달리다 끝내 다리를 절뚝이며 경기를 포기했다. 그 순간, 앞서 가던 매튜 리스는 코앞에 결승선을 두고 다시 뒤로 돌아와 부상당한 와이어스에게 달려갔다. 그는 와이어스를 부축해 함께 결승선까지 완주했다. 동료를 위해 자신을 희생한 모습은 SNS를 통해 공유되었고, 네티즌들은 그를 '영웅'이라 칭찬했다.

마라톤에서 자신의 기록에 상관없이 동료를 이끌며 함께 결승선을 통과하는 장면을 본 기억이 있다. 대회를 위해 자신이 고생했던 피와 땀방울을 생각한다면 경쟁자를 위해 자신을 희생하는 것은 쉬운 일이 아니다. 그러나 그것이 가능한 것은 자신의 이익보다 사랑이 큰 사람이기 때문이었다. 지금 우리에게 사랑이 얼마만큼 존재할까? 누군가에게 희생을 할 만큼의 사랑이 존재했다면 그동안 해왔던 희생으로 그렇게 억울하거나 손해 보는 느낌이 들지는 않았을 것이다.

희생으로 잃어버릴 수 있는 것과 얻을 수 있는 것이 있다. 자신이 잃은 것에 비해 자신이 얻을 수 있는 즐거움이 더 크다면 그 희생은 충분히 가치 있다. 만약 당신이 희생하려 할 때 기쁨과 보람을 느낀다면 그 희생은 전혀 문제가 되지 않는다. 그러나 '왜 나 혼자 희생하는 느낌일까?'라는 원망과 억울함이 든다면 다시 생각해보아야 한다. 사랑이 있는 희생인지, 아니면 감당하지 못할 인정받기 위한 희생인지.

마지막으로『데일 카네기 자기관리론』에서 나오는 데일 카네기의 말을 소개한다.

"행복하고자 한다면 보답을 바라지 마라. 베풂 그 자체로도 즐거울 수 있다. 나눈다는 것은 어쩌면 행복의 지름길인 셈이니까."

4

쉽게 잠들지 못하는 새벽들

오랜만에 오랜 친구에게 연락이 왔다.

"반갑다. 오랜만이네?"

"잘 지내고 있지? 나 일 그만뒀어. 몸이 안 좋아서……."

"그래, 잘했어. 건강이 우선이지. 좀 쉬다가 일 시작하면 되겠네."

"근데 고민이야. 앞으로 뭘 해야 할지 모르겠어."

친구는 한 직장에 오랫동안 다녔다. 그 회사는 복지가 꽤 좋아 보였고, 괜찮은 연봉에 누가 들어도 괜찮은 대기업이었다. 사실 친구들과 모이면 직장 이야기는 빠지지 않는 소재다. 그렇게 서로 이야기를 주고받으면서 직장에서 받았던 스트레스를 풀곤 한다. 얼마 전 나눈 이야기로 그 친구가 어느 정도 스트레스를 많이 받고 있다는 것을 대략 짐작은 하고 있었지만 이렇게 빨리 그만두게 될지는 예상하지 못했다. 친구의 상태는 생각보다 심각했다. 업무와 관계에서 오는 스트레스로 인해 병이 생겼고 급기야 입원까지 했다는 소식이었다. 얼마나 힘들었을지 마음이 너무 안타까웠다. 그날 나는 친구에게 계속 신경이 쓰였다. 마치 내가 겪은 일처럼 느껴졌다. 그 이유는 나 역시 그 친구와 똑같은 고민을 하고 있었기 때문이다. '지금 하고 있는 일은 언제까지 할 수 있을까?', '앞으로 난 무엇을 해야 하지?', '내가 잘할 수 있는 게 무엇일까?' 이런 고민은 날 불안하게 만들었고, 그날은 쉽게 잠들 수 없었다.

간혹 뉴스에서 경제적인 어려움으로 목숨을 저버리거나 집단 따돌림으로 인한 정신적인 고통으로 자살했다는 소식들을 접할 때마다 그들의 고통이 얼마나 컸을지 짐작하게 된다. 그들도 극단적인 선택을 하기까지 고민에 고민을 거듭하였을 것이다. 나도 대학을 졸업하고 취업을 해야 할 시기에 취업이 뜻대로 되지 않아서 고민할 때 남들과 비교되는 나 자신과 소속감 없는 것에 대한 불안감에 스스로 위축되었다. 그 당시에는 벼랑 끝에 서 있는 기분이었고 종교가 없어도 하나님을 찾으며 간절하게 기도를 했다. 그때 나에게는 너무 심각한 고민이었고 인생에 패배한 느낌마저 들었기에 가끔 뉴스에서 젊은 청년들이 취업이 되지 않아 삶을 비관하여 목숨을 끊는 모습을 보면 너무나도 안타깝다. 그때는 취업만 되면 더 바랄 것이 없다고 생각했지만 여전히 지금도 다른 고민을 안고 살아가고 있다.

잠이 오지 않아 뒤척이고 있을 때 거실에서 TV 소리가 조그맣게 들려왔다. 시계를 보니 새벽 3시가 넘어가고 있었다. 거실엔 나처럼 잠을 이루지 못하는 엄마가 앉아 있었다.

"왜 잠을 안 자고? 내일 일 안 나가니?"
"나도 잠이 안 와서. 엄마는 아직까지 잠을 못 자?"
"엄마도 잠이 안 와서. 약(수면제) 먹었으니까 이제 잠 오겠지."

몇 년째 엄마는 불면증에 시달리고 계신다. 젊은 시절에 고생을 많이 하시고 노후에 편해질 때쯤 찾아온 불면증이었다. 엄마 스스로도 왜 잠이 안 오는지 이유를 모르겠다고 하신다. 잠을 제대로 못 주무시는 탓에 몸까지 약해진 엄마를 그대로 두고 볼 수 없어 정신과를 찾아갔다. 예상

외의 결과가 나왔다. 의사의 소견은 '우울증'이었다. '어째서? 이제 살 만해졌고 즐길 수 있는데, 갑자기 이제 와서 왜?' 난 이해하기 어려웠다.

"어머니, 우울증은 주변 사람들의 도움이 제일 중요해요. 되도록 취미나 관심이 있는 것을 찾아서 집중할 수 있는 일을 하게 해주세요."

의사의 소견을 받고 그날 엄마와 나는 서로 아무 말 없이 집으로 돌아왔다. 그날부터 온 가족이 엄마에게 신경을 쓰기 시작했다. 나는 엄마의 기분을 맞춰주기 위해 집안일도 더욱더 신경 썼고, 아빠는 엄마를 위해서 좋아하시는 술도 자제하며 퇴근 후 일찍 귀가하셨다. 그런 노력 덕분에 시간이 흘러 지금 엄마 상태는 많이 호전되었다. 수면제를 복용하는 횟수도 예전에 비해 줄어 들었고, 엄마도 어느 정도 웃음을 되찾으셨다. 이제 좀 괜찮아진 엄마한테 물었다.

"엄마, 지금은 우울하지 않아?"

"응. 가끔 가다 그러기는 하는데. 예전같이 가만히 있어도 눈물이 나거나 그러진 않아."

"왜 그렇게 우울했어?"

"젊어서 지금까지 죽어라 열심히 최선을 다해서 일해왔는데, 이것밖에 못사는 내가 너무 속상했고 너희 고생시키는 것 같아 미안했어."

이것저것 생각할 겨를 없이 바쁘게 살아온 엄마였다. 그런 엄마가 삶에 대해 회의를 느끼고 힘들어하고 있었다고 생각하니 나의 마음도 먹먹해졌다.

많은 생각들과 고민으로 자신 스스로를 힘들게 할 때가 있다. 지난 과거에 대한 자책과 아쉬움으로 힘들어하거나 보이지 않는 미래로 인해 고민은 줄지 않고 눈덩이처럼 점점 더 커져만 갔다. 물론 고민을 하면서 그 안에서 해답을 얻기도 했다. 문제를 해결하면서 행복과 기쁨을 얻을 때도 있었지만 때로 해결하지 못한 문제는 깊은 좌절과 괴로움에 잠을 이룰 수 없게 만들었다. 돌이켜보면 그 당시에 느꼈던 끝이 나지 않을 것 같은 근심과 괴로움은 시간이 흐르면서 많은 부분 해결되었다. 덕분에 이제 나는 걱정이나 근심에 대해 관대해질 수 있게 됐다.

과거에서 헤어 나오지 못하는 미련과 앞으로의 일어나지 않은 걱정까지 애써 끌어오게 해서는 안 된다. 현재의 지금 나와 마주하자. 조금씩 앞으로 걸어가다 보면 어느새 목적지에 다다르게 될 것이다. 혹시나 내가 생각했던 목적지가 아닐 수도 있다. 인생에는 정답이 없다. 내가 정답이라고 여겼던 것도 정답이 아닐 때가 있고, 살아가면서 다른 것을 원할 때가 많았다. 그러므로 처음 정해놓은 목적지와 다른 목적지에 와 있더라도 그건 실패한 것이 아니다.

"걱정을 잠자리로 가지고 가는 것은 등에 짐을 지고 자는 것이다."

– 토마스 하리발톤(캐나다의 정치인, 작가)

완벽해 보이는 사람도 나름대로의 고민과 걱정을 안고 살아간다. 고민과 걱정이 있어 지금의 나를 만드는 것이다. 어차피 계속 안고 가야 할 당신의 끊임없는 고민은 책꽂이에 책처럼 꽂아두자. 고민을 하나씩 꺼내어 들여다보다 보면 어느새 고민은 하나씩 정리가 될 것이다. 우리가 살아 있는 동안 끝나지 않는 고민은 여전히 우리의 숙제다.

지금의 나는 외롭지 않다. 지난날의 나는 사람들과 나란히 걷다가 홀로 걷는 상황이 오면 걷잡을 수 없는 두려움과 외로움을 느꼈다. 그러나 홀로 걸어가는 것을 배운 뒤로는 자신감이 생겼다. 나도 어쩌면 엄마처럼 20년 후에는 지난날을 생각하며 후회와 미련이 들지도 모르겠다. 만약 그런 마음이 든다면 지금의 내가 20년 후의 나에게 말해주고 싶다.

그 길은 잠 못 이루면서도 나는 너를 위해서 수없이 고민하고 걸어온 길이었다고.

5

어째서 사소한 일에 예민해질까?

자신을 포장한다는 것. 상대에게 좋은 사람, 괜찮은 사람으로 비치길 바라는 마음에서 시작된다. 인간이면 누구나 인정받고 싶은 욕망이 자리 잡고 있다. 그런 욕망은 자신을 보기 좋게 포장하게 만든다.

자신을 드러내고 평가 받는 사회에서 자신을 잘 포장할 수 있는 능력 이야말로 성공의 지름길로 가는 방법이다. 문제는 자신이 방심하고 있는 순간 자신의 포장이 풀어질 때 일어난다. 자신도 모르게 감정을 그대로 노출시켜 상대에게 자신의 민낯을 드러내게 되었을 때 당혹감과 허탈함 을 넘어서 자괴감에 빠지게 된다. 포장이 풀어졌을 때의 일이다. 점점 바 빠지는 오후 시간이었다. 누군가의 실수로 갑자기 일에 차질이 생겼다.

"이거 서류 아직 안 들어왔어요?"

"아, 챙긴다는 걸 깜박했어요."

"그때그때 바로 했으면 이런 일 없었잖아요."

날카로운 한마디로 '왜 진즉에 챙기지 않았던 거야?'라는 생각을 전하며 상대를 타박했다. 평소 같았으면 웃으며 "이거 서류가 없네요?", "이제라도 챙겨서 다행이에요. 하마터면 문제가 생길 뻔했네요."라고 상냥하게 웃으며 분위기를 좋게 만들 수 있었는데 말이다. 그날의 나는 무엇이 문제였을까?

상대에게 포용력이 있고 관대한 사람이라는 것을 보여주며 나의 이미지를 맞추는 것에도 신경을 써야 했고, 일에서도 똑 부러지게 잘해내는 것으로 빈틈을 보이고 싶지 않은데 어이없는 곳에서 차질이 생기는 것이 용납되지 않았다. 그런 마음이 신경을 곤두서게 했고, 실수에 초점을 맞춘 나는 그만 방심을 하고 나의 포장을 해체시켜버리고 말았다. 그렇게 나는 관대하지 않았고, 나의 조급함으로 상대를 타박하고 있었다.

출근길은 늘 사람들로 북적인다. 지하철은 늘 만원인 데다가 자칫 타기도 전에 전동차 문이 닫히기도 한다. 내가 타고 있는 전동차는 배차 간격이 10~15분 간격이다 보니 한 대를 놓치게 되면 지각은 불 보듯 뻔하다.

어느 날 출근길이었다. 그날도 부랴부랴 지하철을 향해 달려가고 있었고, 서로 지하철을 타기 위해 앞다투어 진입하고 있었다. 평소에는 줄을 서서 타는 광경이었는데 그날은 배차가 유독 더뎠던 터라 사람들 마음이 급해 있었다. 전동문이 곧 닫힌다는 방송 멘트는 발을 더욱 동동거리게 만들었다. 문이 닫히려 할 때 간신히 전동차 안으로 들어선 나는 안도의 한숨을 내쉬었다. 그때였다. 옆에 있던 여성분이 앞의 여성분을 밀고 가까스로 끼어 탔고, 그 순간 전동차 문은 닫혔다. 밀린 여성의 반응은 생각보다 날카로웠다.

"지금 밀면 어떡해요?"
"빨리 들어가지 않고 앞에서 머뭇거리고 있으니까 그렇죠."
"진짜, 완전 재수 없어."

둘은 계속 옥신각신했고, 두 정거장 후에 내려야 하는 나는 결론을 보지 못한 채 내려야 했다.

서로 함께 살아가는 세상에서 가끔 상대가 거추장스럽게 느껴질 때도 있고, 자신이 타인으로부터 조금이라도 피해를 받는 것에 대해 관대하지 못할 때가 많다. 세상 속에서 살아남기 위한 치열한 다툼. 곧 성과가 보이고, 결과가 중요한 사회 속에서 상대를 생각하는 여유가 점점 사라지고 있다. 그렇게 우리는 조급증에 적응되어버렸고, 그런 조급함이 우리를 날카롭게 만들고 있었다. 전동차에서 누군가가 당신을 밀었을 때 짜증나는 것은 당연하다. 그러나 그 감정을 고스란히 드러낸다면 결국 손해는 자기 자신이다. 짜증과 불쾌감으로 하루를 시작한다면 그날의 하루는 어떻겠는가?

상대에게 관용을 베풀었던 일이나 받았던 경험이 있을 것이다. 사람들의 여유로운 태도와 배려로 고마움과 감동을 느낀 일 말이다.

오랜만에 할아버지를 위해 삼계탕을 사드리고 싶어 동네 근처에 있는 삼계탕 집으로 할아버지와 함께 집을 나섰다. 관절염이 있는 할아버지의 걸음은 생각보다 많이 느렸다. 그래도 할아버지와 함께 산책하는 기분으로 느릿하게 걸어보자는 생각으로 발맞추어 나란히 걷다가 예상치 못한 난관에 봉착했다. 삼계탕 집과 우리 사이에 긴 횡단보도가 눈앞에 펼쳐져 있었다. 때마침 퇴근길이라 차는 무수히 많았다. 신호등은 파란불이 켜졌고, 할아버지와 난 횡단보도를 건너기 시작했다. 할아버지의 걸음은 마치 나무늘보를 연상케 했다. 아직 반도 못 갔는데 파란불은 깜박거리기 시작했고, 등에는 식은땀이 흐르기 시작했다. 나는 '할어버지를 업고 뛰어야 하나?' 여러 가지 생각을 하면서 천천히 할아버지 팔을 잡고 걸었다. 그때 난 감동을 느끼기 시작했다. 경적을 울릴 것이라 예상했던 차들은 하나도 없었고, 할아버지와 내가 끝까지 지나갈 때까지 모두 기다려 주었다. 그날의 감동은 아직도 생생하다.

타인에게 배려하기보다 내가 먼저였고, 상대의 감정보다 나의 감정이 우선이었던 순간에 그때의 경험은 나를 돌아보게 했다. 어린아이와 함께 걸어가고 있을 때 우리는 아이의 손을 잡고 보호를 하며 걸어가게 된다. 누군가가 시켜서가 아니라 약한 사람을 도와주는 인간의 본능에서 우러나오는 것이다. 인간에게 있는 그런 본능을 우리는 각박한 생활 속에서 점점 잃어가고 있는 것은 아닐까?

평소 차분하고 여유를 즐기면서 생활하고 예민이란 것은 찾아볼 수 없는 친구가 있다. 친구와 나는 휴가를 맞춰서 제주도로 여행을 갔다. 3박 4일의 일정 마지막 날 우리는 마지막 코스를 더 둘러보면서 공항으로 가기로 했다. 생각보다 일정은 늦어졌고 비행기 시간까지 빠듯했다. 나는 조급한 마음에 마지막 코스를 둘러보는 둥 마는 둥 빠른 걸음을 재촉하기 시작했다. 그때 홀로 여행을 온 여성분이 우리에게 길을 물어봤다. 나는 급한 상황에 대꾸해줄 시간이 없었다. 그러나 나의 친구는 밝게 웃으며 지도 책자를 꺼내어 길을 찾아주었고, 여행이 어떠했는지 상대의 안부와 멋진 여행 되라는 마지막의 응원도 빠뜨리지 않았다. '난 애가 타는데 얘는 왜 이렇게 태평하지?' 마음에서 짜증이 일어나기 시작했다. 다행히도 비행기를 제 시간에 탈 수 있었고, 괜스레 급했던 나와 여유가 넘쳤던 친구가 비교되면서 조급했던 내가 민망했다. 나는 급한 성격 탓에 마지막 정취를 느낄 틈도 없이 짜증으로 제주도의 마지막을 보냈고, 친구는 멋진 풍경을 즐기고 사람들과 소통을 하면서 마지막까지 멋지게 마무리했다. 친구도 비행기 시간이 촉박하다는 것을 알고 있었는데 나와 무엇이 달랐을까?

예민한 성격의 사람은 자기 자신에게도 관대하지 않기 때문에 자신을 엄격하게 대한다. 그런 당신은 꼼꼼하게 일을 처리하고 부지런해서 어딜 가나 인정받을 수 있는 확률이 높다. 그러나 예민함은 조급함이 늘 따른다. 그런 조급함은 불안과 초조함으로 이어져 마음에 여유를 주지 않는다. 그런 마음이 자신의 포장된 이미지를 망칠 때도 있고, 사람과의 관계를 멀어지게 할 수도 있으며, 눈앞의 기회를 놓치게 한다. 간혹 "왜 저래? 그날이야?"라고 말하거나 들어본 적이 있을 것이다. 한번 곰곰이 생각해보자. 우리한테 문제가 생겼을 때 진정 문제에 대해서 화를 냈던 걸까, 아니면 화풀이 대상이 필요했던 것일까?

6

난 절대 지고 싶지 않다는 마음

빙판 위에 그녀는 마치 가볍게 날아오르는 나비를 연상케 했다. 멋진 스핀과 그녀의 우아한 몸동작, 손동작 하나하나가 사람들을 매료시켰다. 그녀를 지켜보며 모두가 하나같이 응원했고, 그녀가 경기를 마쳤을 때 모두 기립박수를 보냈다. 밴쿠버 동계올림픽 금메달을 땄던 순간 김연아 선수의 이야기다.

"99도까지 열심히 온도를 올려놓아도 마지막 1도를 넘기지 못하면 영원히 물은 끓지 않는다고 한다. 물을 끓이는 건 마지막 1도, 포기하고 싶은 바로 그 1분을 참아내는 것이다. 그래야 내가 원하는 세상으로 갈 수 있다."

『김연아의 7분 드라마』란 책을 통해 우리는 그녀가 자신과의 싸움에서 이기기 위해 얼마나 많은 노력을 했는지 충분히 짐작할 수 있다. 포기하고 싶은 순간도 이겨내는 강한 의지력, 주변 환경에도 굴하지 않는 강한 멘탈을 보며 그때 당시의 19살 소녀에게 존경심마저 들었다. 그녀는 어린 선수 생활 시절부터 밴쿠버 올림픽에서 금메달을 따는 것을 목표로 하고 있었다. 그녀의 꿈이 강한 의지를 만들었던 것이다. 그러면 나는 '꿈은 무엇인가?', '그 꿈을 위해 어떻게 달려왔는가?'에 대해 스스로에게 묻는다면 그에 대한 대답을 자신 있게 할 수 있을까?

우리 모두는 행복과 성공을 바란다. 그러기 위해 먼저 가져야 할 것이 있다. 바로 꿈이다. 간혹 '넌 뭘 하고 싶어?'란 질문에 선뜻 대답하지 못하는 사람들을 볼 수 있다. 그것은 구체적으로 난 무엇을 하고 싶은지에 대해 생각을 하지 않았기 때문이다. 어릴 때는 '너의 꿈은 무엇이니?'라는 말을 종종 듣지만 성인이 되어서 이런 질문을 받아본 적은 거의 없을 것이다. 물론 자신의 꿈을 이룬 사람도 있겠지만 어쩌다 보니 지금 하고 있는 일을 하게 되었고, 그렇게 직장에 머물면서 하루하루 바쁘게 살아가는 사람들에겐 꿈을 갖는다는 것이 사치가 되어버린 것이다. 오히려 꿈이 낯설게 느껴질지도 모른다. 하지만 모두가 원하는 성공을 위해서는 꿈이 있어야 한다.

미국의 여성 방송인 오프라 윈프리는 미시시피 주에서 사생아로 태어나 불우한 어린 시절을 보냈다. 그러나 그녀에게도 꿈이 있었다. 그리고 자신의 처지로 인해 포기하지 않고 꿈을 향해 나아갔던 그녀는 마침내 미국의 유명한 토크쇼 〈오프라 윈프리쇼〉를 진행하면서 토크쇼의 여왕이 되었고, 그 후 하포 주식회사를 창립하는 CEO가 된다. 그렇게 그녀는 세계에서 가장 영향력 있고 존경받는 인물로 선정되었다.

"꿈은 크게 꾸자. 아주 아주, 크게 꾸자. 열심히 노력하자. 정말, 정말, 열심히 노력하자. 그리고 자신이 할 수 있는 모든 것을 한 후에는 당신보다 더 큰 힘의 존재에게 모든 것을 오롯이 맡겨보자."

오프라 윈프리의 책 『내가 확실히 아는 것들』에 나오는 그녀의 말이다. 그녀는 꿈이 있어야 함을 누구보다 확실히 알고 있었다.

한국 역사상 최초로 칸과 아카데미상을 동시에 석권한 영화 〈기생충〉을 만든 봉준호 감독 역시 12살 때부터 영화감독의 꿈을 키웠다. 그는 어렸을 때 마틴 스코세이지의 영화를 보며 "가장 개인적인 것이 가장 창의적인 것이다."라는 마틴의 말을 가슴에 새겼다고 한다. 그런 그가 마틴과 함께 감독상 후보에 오르며 마틴을 제치고 감독상을 차지하게 된 것이다. 그의 영화에 대한 꿈과 열정이 한국영화의 신화를 기록하게 되었다.

만약 지금 당신에게 꿈이 없다면 지금부터라도 구체적인 꿈을 꿔야 한다. 꿈이 있는 것만으로도 반은 성공한 것이나 다름없다. 꿈이 없는 사람은 시작조차 할 수 없기 때문이다. 서른 중반을 훌쩍 넘기고 나서야 나는 꿈을 꾸게 되었다. 그것은 그동안 살아온 나의 생각과 경험을 사람들과 나누고 싶다는 소망이었다. 그렇게 "나는 책을 낼 거야."라고 사람들에게 꿈을 이야기하면 대부분의 사람은 "글을 써보지 않은 네가 할 수 있을까? 글은 쓰는 게 쉬운 일이 아니야."라고 염려해주었다. 그러나 난 그런 말에 흔들리고 싶지 않았다. 『가난하다고 꿈조차 가난할 수는 없다』라는 책의 제목처럼 나는 지금 이렇게 꿈을 향해 다가가고 있다.

꿈을 이루기 위해서는 자기 자신에 대한 믿음이 중요하다. 내가 만약 '난 할 수 없어. 내가 과연 그런 일을 할 수 있을까?' 같이 자신을 믿지 못하는 생각을 갖고 있다면 절대 꿈을 이룰 수 없다. 만약 내가 나의 꿈에 대해 사람들과 똑같은 염려와 걱정을 했다면 꿈을 이루기 위한 시도조차 하지 않았을 것이다. 자신의 꿈에 대해 항상 긍정의 마음으로 할 수 있다는 믿음을 갖자. 그 믿음은 꿈을 향해 나아갈 수 있는 용기를 갖게 해준다.

꿈에 도전하다가 힘들어 포기하고 싶은 순간은 분명히 온다. 그 순간이 왔을 때 자신과의 싸움을 이겨낼 준비가 되어 있어야 한다. 앞서 언급한 성공한 사람들은 모두 난관에 부딪힐 때마다 자신과의 싸움에서 절대지지 않은 강인함으로 결국 꿈을 이루어낸 것이다. 자기 자신과 싸운다는 것은 상대와 경쟁을 하는 것보다 더 힘든 일이다.

사람들의 염려처럼 한계의 벽에 부딪혔을 때 포기하자고 생각하는 나와 꿈을 위해 끝까지 최선을 다해보자고 생각하는 나 사이에서 선택은 오롯이 자신의 몫이다. 편한 길을 선택하고 그 삶에 안주하며 지금처럼 살 것인가, 아니면 더 늦기 전에 성공한 사람들처럼 한계를 이겨내고 자신을 뛰어 넘어 꿈을 향해 나아갈 것인가. 그 선택에 따라 미래는 달라질 것이다.

꿈은 실현 가능성이 낮은 것으로 출발하지만 자신을 믿는 마음과 강한 의지는 실현 가능성을 점점 높여준다. 쉽게 이룰 수 있는 꿈이었다면 그건 꿈이 아니라 실천 가능한 계획을 세우는 것에 지나지 않는다. 그러니 이제 절대 자신과의 싸움에서 지지 말자. 경쟁자는 상대가 아니라 바로 나 자신이다. 내가 생각하는 것만큼 이루게 되어 있다. 지금 약해져 있는 자신의 생각을 발견했다면 용기를 갖자. 강한 자신으로 만들어서 지금 당장 움직이면 된다. 꿈을 굳이 나의 수준과 형편에 한정지어 맞출 필요는 없다. 당신의 수준과 형편은 당신 스스로 결정하는 것이다. 당신이 수준이 높다고 생각하면 높은 것이고, 낮다고 여기면 낮아지는 것이다. 당신이 간절히 바라고 원하고 행복하다고 여기는 것을 해라. 도전하는 당신에게 꿈도 다가가고 있을 것이다. 자신의 삶을 후회하는 괴로움의 눈물과 꿈을 이루기 위해 노력하면서 겪는 괴로움의 눈물의 가치는 다르다. 가치 있는 눈물을 흘릴 수 있는 당신이 지지 않도록 영광의 빛이 당신의 꿈 앞에서 응원하고 있다는 것을 기억하자.

7

내가 하는 일은 다 옳아야 한다

일을 하면서 반대 의견에 부딪히는 상황을 마주할 때 마찰이 있기는 하지만, 자신만이 옳다고 믿는 마음에서 잠시 벗어나 상대의 의견에 대해 깊이 생각하다 보면 더 좋은 방법을 찾아내기도 한다. 그러나 가끔 자신이 지금까지 해왔던 것에 대한 확신이 있는 것에는 고집이 생긴다. 그 고집은 서로 간에 대화의 장벽을 만들어내기도 한다.

어느 날 새로 들어온 직장 동료와 마찰로 갈등을 겪게 되었던 일이다. 각자 서로 일해온 방식이 달랐던 우리는 일하는 부분에 충돌이 생겼다.

"이거 뭐가 좀 달라진 것 같은데요?"

"아, 이거 불편해서 좀 편하게 바꿔봤어요."

"그래도 미리 상의를 하고 바꿨으면 좋았을 텐데……."

"이게 훨씬 더 낫지 않아요?"

그동안 내가 쌓아올렸던 업무 체계가 아무것도 아니었다는 듯 갈아엎어진 느낌이었다. '내 방법이 잘못됐다는 거야?'란 생각은 무시당하고 있다는 느낌마저 들게 했다. 바뀐 일들을 보면서 '이건 이렇게 하면 안 될 텐데.'란 생각이 불만으로 자리 잡고 있었다. 매번 충돌이 생기다 보니 일이 순조롭게 진행되지 않았고, 결국은 감정 문제로까지 치닫게 되었다.

나는 문제의 심각성을 느끼고 상대와 대화를 요청했다. 서로 하는 일에서 느끼는 업무 방식에 대한 문제점, 협동이 되지 않고 있는 것에 대한 일들을 조목조목 따지기 시작했다. 서로의 방식이 옳다고 밀어붙이는 대화로 인해 합의점을 찾기가 어려웠다.

각자 나름대로의 경험으로 지식이 쌓였으므로 자신이 옳다고 믿는 것에 누군가가 다른 방향을 제시하면 쉽게 받아들이지 못할 때가 있다. 그것을 당신이 하는 방법은 틀렸다는 말로 잘못 받아들이고, 그것으로 자신을 인정하지 않는다고 생각하기 때문이다.

계속 이렇게 일하는 것을 서로 원하지 않았던 우리는 이 문제를 해결해야만 했다. 좀 더 원활한 방법을 모색하기 위해 서로의 고집을 내려놓기로 하고 각자의 옳고 그름을 따지지 않고 순조롭게 진행될 수 있도록 의견을 모았다.

그렇게 서로의 의견을 모아서 다시 업무 체계를 만들었다. 하루 이틀이 지나고 다시 정비한 업무 체계에 익숙해지기 시작했고 오히려 전보다 편하게 느껴지기 시작했다. 내가 만들어놓은 것이 가장 좋은 것이라고 생각했던 건 오산이었다. 그때 나는 어떤 일이든 혼자서는 완벽하게 이룰 수 없다는 것을 깨달았다.

내가 쌓아올린 지식은 곧 나의 능력이라고 생각했고, 누군가가 나의 능력을 인정하지 않는다고 여기는 것에 대한 불쾌감이었던 것이다. 조금도 물러서지 않는 상황에는 자신의 능력에 대해 누군가가 흠집을 내려고 하는 것에 대해 방어를 하고 있었다. 하지만 결과는 누구도 틀리지 않았다. 단지 약간의 방향 전환이 필요할 시기에 그것을 받아들일 수 있는 선택이 우리에게 필요했던 것이다.

우연찮게 기사를 보다가 꼰대 테스트가 눈에 들어왔다. 나는 이런 테스트가 있다는 게 웃기기도 하면서도 나의 꼰대 기질이 얼마나 될지 궁금해지기 시작했다. 직장 동료들과 함께 테스트를 한 결과는 '꼰대 경계 경보 발령'이 나왔다. 그날은 한바탕 웃고 넘겼지만 나도 모르는 사이 직장 동료들을 불쾌하게 만들었던 적은 없었는지 생각해보게 되었다.

그날 집으로 와서 나는 '나만 이런 생각을 갖고 있나?' 하는 의문이 들었다. 그래서 지인들에게 꼰대 테스트를 보내보았다. 몇 분이 지나 메시지로 온 결과를 보고 씁쓸한 웃음이 나왔다. 나이가 많을수록 꼰대 성향이 두드러지게 나온 것이다. 그렇게 친구들에게 다시 연락이 왔다.

"야, 이건 당연한 거야. 이걸 꼰대라고 할 수 있어?"
"다 나이 먹어봐. 별 수 없을걸?"
"조직생활에서는 어쩔 수 없는 거야."

친구들 몇 명의 반응은 꼰대의 성향을 일부 합리화하고 있었다. 어쩌면 나도 거기서 위안을 얻고 싶었는지 모르겠다. 하지만 또 어느 친구는 꼰대의 성향이 전혀 없는 '성숙한 어른'으로 나왔다.

그 친구는 오히려 "너 진짜 꼰대로 나왔어?" 하고 놀라는 눈치였다. 위안을 받고 괜찮다고 생각했던 마음은 다시 심각해졌다.

"지금 시간이 몇 시인데 이제서야 오는 거야. 막내가 제일 늦게 와도 되는 거야?"
"왜 인사를 안 할까? 요즘 애들은 예의가 없어."
"나 때는 이거보다 훨씬 많은 일을 했어. 지금 이건 아무것도 아니야."
"아무리 그래도 그건 그렇게 생각하면 안 돼."

나이가 들면서 어느 순간 인사에 예민해지고, 출근 시 나보다 늦게 오는 것을 싫어하고, 무조건 가르치려 하고, 고지식한 나의 생각이 원칙인 것처럼 내세우고, 조언을 가장한 잔소리를 하는데 아니라고 할 수는 없었다.

나도 지난날 처음 사회 초년생인 시절에 지금의 나 정도의 선배들로 인해서 골머리를 앓았던 기억이 있다. 자신보다 낮은 사람에게 쉽게 대하거나 아무렇지 않게 상대의 감정을 건드리는 태도, 그리고 아집으로 똘똘 뭉쳐진 선배를 볼 때면 '적어도 난 그렇게 되지 말아야지.' 하고 다짐을 했었다. 그러나 나 역시 세월의 흐름 속에서 그런 다짐들을 놓치고 있었던 것이다.

"근거 없이 지적인 원칙에 습관이 들면 우리는 그것을 신앙이라 부른다."

독일의 철학자이자 시인 프레드리히 니체의 말이다. 우리는 가끔 자기중심적인 생각을 가지고 상대와 그 문제를 해결하려고 할 때가 있다. 그러나 자신의 아집을 버리면 더 넓은 세상을 볼 수 있게 된다. 만약 내가 이전처럼 나만 옳다고 믿고 혼자만의 세계에서 갇혀 살았다면 밖에서 얻을 수 있는 새로운 경험 또한 누리지 못했을 것이다.

이제는 생각의 수평을 이룰 수 있어야 한다. 그것은 '내가 하는 일은 다 옳아야 한다.'라는 생각을 버리는 것이다. 자신의 생각에 상대의 생각이 더해지면 더 나은 선택을 할 수 있는 여지는 더욱더 풍성해진다.

만약 당신의 생각보다 상대의 생각을 선택하게 된다면 그것은 당신의 생각이 틀려서가 아니라 단지 지금 상황에서 그 생각을 선택한 것뿐이다. 그것을 인정할 수 있는 당신이 옳은 것이다.

괜찮다고 했지만 괜찮지 않다

누군가 괜찮은지 물어오면 괜찮지 않았지만 괜찮다고 말한 날이 많았다. 그날도 그랬다.

"괜찮은 거야?"

"응. 괜찮아. 별거 아니야."

"다행이네. 난 또 네가 우울해하고 있을까 봐 걱정했지."

"신경 써줘서 고마워."

그날은 너무 속상했던 일 때문에 하루 종일 우울한 날이었다. 가끔 혼자라는 생각이 들 때가 있다. 물론 나의 곁에는 늘 함께하고 있는 가족과 친구들, 그리고 매일 마주치는 직장 동료들이 있지만 진정 내가 무슨 말을 하고 싶은지, 나의 생각은 어떤지, 내가 원하는 것이 무엇인지는 아무도 알지 못한다. 어쩌면 아무도 모르고 있는 것이 다행이다. 누군가가 내마음을 알고 있다면 꼭 괜찮은 척했던 나를 들켜버린 것 같기 때문이다.

"난 널 잘 모르겠어."

"뭐가?"

"네가 무슨 생각을 하고 있는지. 꼭 뭘 숨기고 있는 거 같아."

"아니야, 난 그런 적 없는데……."

언젠가 친구가 나에게 꺼낸 말이다. 친구는 왜 그렇게 느꼈던 것일까? 어쩌면 병원에서 고객들과 만나는 일을 하다 보니 늘 감정을 뒤로하는 것에 익숙해져서인지도 모르겠다. 지금 당장 슬픈 일이 있거나 화가 나 있어도 표정은 언제나 밝게 웃고 있어야 하는 직업이 날 그렇게 만들었는지도 모르겠다.

직장 일의 영향을 받아서인지 누군가의 이야기를 들어주거나 아니면 나의 이야기를 하는 것에 피곤함을 느끼는 순간부터는 혼자 있는 게 편해지기 시작했다. 그렇게 혼자 음악을 듣고, 영화를 보고, 밥을 먹는 것에 익숙해지면 '이러다가 나는 세상과 분리되는 건 아닐까?'라는 걱정이 스쳐가기도 한다.

그러다가 누군가에게 전화를 걸어보자 하고 연락처를 뒤지지만 마땅히 연락할 사람이 없다. 언제가 불필요한 관계를 정리하겠다고 정리한 후로는 연락처가 굉장히 심플해져 있음을 발견했다. 그나마 가까운 친구에게 전화를 하자니 선뜻 그마저도 내키지가 않았다. 막상 전화해서 나의 일과 나의 생활에 대한 넋두리만 늘어놓을 것이 뻔했다.

나는 나 자신을 표현하는 것을 부담으로 느끼곤 한다. '나의 마음을 이야기한다면 상대의 반응이 어떨까?'라는 생각이 앞선다. 내가 지금 상처를 받았다고, 힘들다고 말하면 그들이 어떻게 날 생각할지 나보다 남들의 생각이 먼저 신경이 쓰였다. 나는 상대에게 늘 강한 사람처럼 보이고 싶었다. 직장에서는 나의 푸념을 늘어놓아선 안 된다고 생각했고, 집안에서는 힘들다고 말하는 나약한 말은 부모님의 걱정을 더해드리는 일이라 생각했다. 그러다 보니 직장에서나 집안의 맏딸로는 늘 괜찮은 척을 하며 살아왔다. 가끔은 어린아이처럼 어리광을 부리고 싶어질 때가 있다. 남들보다 오로지 나에게만 집중하고 싶었다. 나에게 집중하기 위해 무엇을 해야 할지 고민했다. 그러다 문득 내가 좋아하는 일을 찾고 싶어 졌다.

"내일 뭐 해?"

"응. 별일 없는데?"

"그럼 우리 내일 자전거 같이 탈래?"

"그래, 내일 보자."

마침 가까운 언니에게 자전거를 함께 타자는 전화가 왔다. 오랜만에 활동적인 것을 해보는 것도 좋겠다는 생각이 들었다. 그렇게 잠실에서 여의도를 돌며 오랜만에 땀을 흘리고 시원한 공기를 마시고 나서는 기분 이 한결 가벼워지는 것을 느꼈다. 그 뒤로 종종 시간이 나면 자전거를 타 기 시작했다. 그렇게 스트레스가 풀려서일까? 모든 게 귀찮게 여겨지고 혼자 있는 게 편했던 마음도 변하기 시작했다.

"요즘 일자리 구하기 힘들더라."

"그래? 언니 일 시작하려고?"

"응. 상황도 정리됐으니 이제 일을 시작해야 할 것 같아. 넌 요즘 일하는 거 어때?"

그렇게 자전거를 함께 타고 중간에 휴식을 취하면서 한두 마디씩 꺼내더니 어느 순간 나 자신의 이야기도 서서히 꺼내고 있었다. 나의 문제와 지금 겪고 있는 어려움, 그리고 앞으로의 미래에 대해서 숨김없이 다 말하고 있었다. 상대의 고민을 들어주고 위로해주려던 나보다 누군가에게 고민을 털어놓고 위안을 받고 있는 그 순간의 내가 좋았다.

그동안 나는 남들의 눈치를 살피며, 그들이 나를 어떻게 생각할지, 내가 한심해 보이지 않을지 늘 신경을 썼다. 하지만 그날은 남의 눈을 의식하지 않았고, 꼭꼭 숨겨 놓았던 답답했던 나의 마음을 열었다.

나는 강하지 않다. 언제고 유리처럼 깨질 수 있는 약한 존재다. 그런 나를 인정해야 편해질 수 있다. 괜찮다고 했지만 괜찮지 않았던 나에게 이제는 괜찮지 않다고 드러낼 수 있어야 한다. 상대도 어쩌면 나의 강한 모습보다 있는 그대로의 모습을 원하는지 모른다. 나와 자전거를 함께 탄 언니도 자신 그대로의 모습으로 나에게 다가와주었기 때문에 나의 마음도 덩달아 다가가고 있었다.

　나를 숨겨가며 상대의 이야기를 들어주는 일은 스스로를 지치게 만드는 감정노동이라는 것을 깨달았다. 상대와 함께하는 즐거움은 나를 드러낼 수 있을 때 찾아오는 것이다. 그래야 서로가 공감할 수 있고 더 가까워질 수 있다. 내가 건강한 마음일 때에 주변 사람들을 제대로 바라볼 수 있게 된다. 그때 가장 우선으로 신경 써야 할 사람은 상대가 아니라 바로 나 자신이다.

2 장

불행하다면 먼저
감정 공부를 하라

상대는 당신의 상처를 모른다

어느 날 책을 읽다가 그만 책장에 손가락을 베었다. 예리하게 종이가 손가락을 스쳐지나간 자리에 기다랗게 선이 간 사이로 빨간 피가 보이기 시작했다. 시간이 지날수록 쓰라림이 더했다. 여러모로 손 씻기도 불편했고, 하루 종일 손가락에 온 신경이 집중되는 날이었다. 이렇게 얇고 힘없는 종이 한 장이 단단한 피부를 벨 수 있다면 작은 말 한마디로 상대에게 주는 상처는 얼마나 클까? 아무런 의미 없이 내던진 작은 말 한마디는 종이 한 장과 같다. 겉으로 보았을 때는 그냥 말 한마디에 불과하지만 그것은 때로 예리한 칼처럼 깊은 상처를 주기도 한다.

나는 누군가에게 상처를 주기도 하고 받기도 했다. 그것이 의도했든

의도하지 않았든 아파하면서도 그 일은 늘 반복적으로 일어난다. 정작 내가 상처를 준 것에는 그럴 만한 이유가 있다고 생각했다. 나에게 상처를 줬으니 상대도 상처를 받는 건 문제가 되지 않았다. 상대가 받을 상처는 아무 상관이 없었다. 지금 나의 상처가 아프고 힘들 뿐이었다.

"어떻게 그런 말을 할 수 있어?"
"네가 했던 말은 생각 안 해? 오히려 서운한 건 네가 아니고 나야."
"그게 서운할 일이야? 그런 일로 서운해서 그런 심한 말을 해?"
"됐다. 너랑 더 얘기해봤자 답이 안 나올 것 같다."

상대의 상처보다 내 상처가 더 아프고 힘들다. 그러다 보니 남의 상처는 보이지 않았다. 내 상처가 아파서 상대를 아프게 했다. 그렇게 내 자신이 아프면 아플수록 상대에게 더 깊은 상처를 남기려 했다. 그렇게 하면 내 상처가 나을 줄 알았다. 그러나 그럴수록 나의 상처는 더욱더 깊어지고 있었다.

서로에게 남기는 상처는 흔적을 남긴다. '미안해'라는 말로 상처가 해결된다면 좋겠지만 어떤 것으로도 상처의 기억은 지울 수가 없다. 그냥 묻어두게 되는 것이다.

"지난번에 네가 했던 걸 생각해봐."

"뭐야, 또 그 소리야? 언제까지 그 얘길 계속할 거야?"

"그게 없어지니? 넌 내가 그게 다 괜찮아진 것이라고 생각해?"

"그때 다 얘기한 거잖아. 지겹다. 정말."

이제 다 잘 해결했다고 화해했지만 또다시 예전의 문제는 수면 위로
떠올랐다. 그 문제는 다툴 때마다 단골 메뉴처럼 불쑥불쑥 튀어나온다.
이유가 무엇일까? 그때는 상처를 해결한 것이 아니라 그때 상황을 종료
하자는 것에 합의를 한 것이기 때문이다.

그렇게 합의만 해놓았으니 문제를 또다시 꺼내서 문제를 키우는 것이
다. 정작 상처는 묻어두고 말이다. 근본적인 해결은 상황을 빨리 종료하
는 것이 아니라 상대의 상처를 이해해주는 것이다. 상대의 상처를 모르
고 있다면 그 단골 메뉴는 눈앞에 계속 펼쳐질 것이다.

자신도 모르게 누군가에게 상처를 주고, 상대가 당신이 준 상처로 아

직도 힘들어하고 있다면 당신은 어떤 마음이 들까? 아마도 미안함보다 당황스러운 마음이 더 클 것이다. 그것은 자신도 가볍게 여기고 툭 내뱉은 의미 없는 말에 자신이 그랬었다는 기억조차도 없기 때문이다. 때린 사람보다 맞은 사람의 고통은 더하다. 그래서일까? 누군가에게 상처를 받은 것만 생각하고 정작 자신이 상대에게 고통을 준 것에 대해서는 지나쳐버린다.

"나 그때 너한테 상처받았다?"

"그게 무슨 말이야? 내가 언제 너한테 그런 적이 있었어?"

"응. 그때 네가 했던 말에 한동안 기분 나빠서 너한테 연락 안 했어. 몰랐지?"

"그랬구나. 정말 몰랐어. 미안하다."

언젠가 친구와 전화 통화를 하는데 나로 인해 상처를 받았었다는 고백 아닌 고백을 들었다. 그때 당시 친구는 특정 그룹의 아이돌에 열광하고 있었다. 카톡 프로필 사진과 배경에는 아이돌의 사진이 가득 올라와 있었고, 아이돌이 나오는 방송과 콘서트는 빠지지 않고 챙겨 보고, 심지어 아이돌의 일정까지 빠삭하게 알고 있었는데 나는 친구의 10대 못지않은 열정이 대단하면서도 부러웠다.

나에게 그런 열정이 10대 때 HOT를 좋아했던 시절 후로 사라진 지 오래되었는데 무덤덤한 내가 혼자 나이 들어가고 있는 것 같아 쓸쓸하기도 했다. 그런 상황에서 무심결에 "너가 10대도 아니고 무슨 아이돌이야." 하고 말했다. 그런데 친구는 가장 가깝게 여기는 친구가 자신이 가장 좋아하는 것은 물론 자신까지 무시하고 있다는 생각이 들었던 것이다. 지금 생각해보면 충분히 그 친구가 기분이 나빴을 일이었고, 난 그 당시 그 친구에게 상처가 될 줄은 꿈에도 몰랐다.

자신이 소중하게 여기는 것을 상대가 하찮게 대하는 것이 당연히 좋을 수 없다. 그것도 나와 제일 가까운 사람에게는 더욱 실망감과 서운함을 느낀다. 나와 상관없는 지나가는 사람의 말은 그 순간에 기분이 나쁜 걸로 끝나고 만다. 왜냐면 그 사람에게는 내가 바라는 기대치가 없기 때문이다. 그러나 나와 제일 가깝고 소중하게 여기는 사람일수록 바라는 기대치가 높기 때문에 그 사람의 말과 행동은 그냥 지나칠 수 없는 의미를 가지고 받아들이게 된다. 그런 자신에게 소중한 것을 상대가 하찮게 대했으니 더욱더 서운함이 클 수밖에 없었을 것이다.

몸에 난 상처도 아프다. 피가 나는 고통은 하루 이틀이면 사라지고 보름이 지나면 그 흔적마저 조금씩 희미해진다. 몸에 난 상처가 크면 사람들이 괜찮냐고 묻는다. 그렇게 주변 사람들의 관심 속에서 상처는 조금씩 아물어간다. 마찬가지로 마음에 난 상처도 아프다. 하루 이틀이 지나고 보름이 흘러도 여전히 아프다. 그것은 눈에 보이지 않기 때문에 상대도 당신이 아프다는 것을 알 수가 없다. 자신이 아프다고 상대에게 말해봐도 그 상처가 얼마나 큰지 상대는 가늠하기 어렵다. 그냥 아프다고 하니 짐작 정도만 할 뿐이다. 그래서 혼자 겪는 상처는 더 외롭고 아프다.

마음의 상처는 보이지 않아서 나조차 그 상처가 얼마나 깊은지 모를 때가 있다. 그렇게 나 혼자 아파하다가 시간이 지나면 괜찮아질 것이라 믿으며 무뎌지려고 애쓰지만 생각보다 깊었던 상처는 어느새 다시 드러난다. 너무 아파서 누군가에게 내 상처를 보여주고 아프다고 손길을 내밀 때 그제야 상대는 나의 상처를 바라봐주기 시작한다. 상처는 혼자 감당하는 것이 아니다. 상대와 함께 그 상처를 바라보고 이해해주어야 상처를 회복할 수가 있다. 더 곪아 터지기 전에 상대에게도 당신의 상처를 보듬어줄 수 있는 기회를 주자. 상대는 당신의 상처를 모른다.

2

사람들은 태도에 반응한다

누구나 그렇지만 나는 불편한 자리를 싫어한다. 그러한 공간에 있으면 말과 행동이 자연스럽지가 못한 나 자신을 느끼게 된다. 사람도 마찬가지다. 말 몇 마디를 해도 편안하고 기분이 좋아지는 사람이 있고, 반대로 불편하고 심지어 기분까지 별로가 되는 사람이 있다.

말 몇 마디로 그 사람의 모든 것을 파악할 수는 없지만 그 사람의 말투, 표정, 행동으로 나타나는 태도에서 상대의 마음을 판단하게 된다. 그렇기에 태도는 나를 만드는 것이라 할 수 있다.

상대의 태도로 나를 존중하는지, 무시하는지, 이해심과 포용력이 있는 사람인지, 이기적인 사람인지 짐작한다. 그렇기에 태도로 상대의 마음을 열 수도, 열린 마음을 닫히게 할 수도 있다.

여기 최고 경영진 A와 B가 있다. 이 둘은 모두 자신의 분야에서 최고로 유능한 실력을 가지고 있지만 직원들을 대하는 태도는 상이하다. 그 태도가 회사에 어떤 영향을 미치는지 보여주는 사례를 보자.

A는 평상시에는 매우 젠틀하지만 성격이 급한 데다가 상황이 바빠지거나 조금만 일이 마음에 들지 않으면 직원들에게 막말과 모욕을 서슴지 않는다. 어느 날 고객은 이 회사의 A의 명성을 익히 알고 찾아오게 되었다. 직원과 상담을 마치고, 고객은 매우 흡족해하며 계약을 하기로 했다.

그렇게 계약을 하기로 하고 사인을 한 후에 돌아서는데 어디선가 남성의 고함이 들려와 고개를 돌려보니 A였다. A는 다른 직원에게 반말은 물론이고 무시하는 말투로 손가락질을 하며 불같이 화를 내고 있었다. 고객은 자신이 생각했던 A의 젠틀했던 모습은 온 데 간 데 없고 그야말로 직원에게 갑질을 하는 모습에 너무 놀랐지만 애써 진정시키며 돌아갔다. 그리고 다음 날 그 고객에게 전화가 걸려왔다.

"어제 계약을 취소하고 싶습니다."

"아, 어제 분명히 계약을 하고 싶다고 하셨는데, 갑자기 무슨 일이 생기셨나요?"

"사실은 어제, ○○께서 직원을 대하는 걸 봤어요. 그 직원이 어떤 잘못을 했는지는 모르겠지만 직원을 대하는 태도를 보고 많이 놀랐습니다. 그 장면이 어제 저녁부터 계속 머릿속을 떠나지 않더라고요. 직원에게 그렇게 행동을 한다면 저도 계약 후의 을이 되는 입장에서 그런 대우를 당하지 말라는 법은 없을 것 같네요. 계약은 생각을 해봐야 할 것 같습니다."

결국 A가 직원을 대하는 태도를 보고 실망을 느꼈던 고객은 취소를 하게 되었다. 그는 직원에게 대하는 태도 하나로 그 사람이 기본적으로 사람에게 대하는 마음가짐이 어떤 사람인지 짐작한 것이다. 아무리 유능한 사람이라도 태도가 좋지 못하면 상대의 마음을 사로잡을 수가 없다. 그날 A는 큰 계약의 기회를 놓쳤을 뿐만 아니라 자신이 이루어놓은 명성을 하루아침에 무너뜨렸다.

다음으로 B상사의 이야기다. B상사는 언제나 유쾌하다. 출근길 직원들을 보면 권위의식 없이 먼저 밝게 '굿모닝'이라고 환하게 웃으며 인사를 한다. 그리고 언제나 그는 직원들에게 잘못이 있을 땐 문제를 제기해서 시정하도록 하지만 잘한 부분은 잊지 않고 격려해준다. 한번은 새로 입사한 직원이 있었다. 그런 직원에게 어느 날 "자네는 왜 전 직장에서 그만두게 되었지?"라고 물었다. 그 직원은 전 직장에서 상사가 바뀌는 바람에 인사 조정으로 거의 해고가 되다시피 나오게 된 사정이 있었다. 별로 좋지 않게 나온 상황이라 이야기하는 것은 득이 될 수 없을 거라 생각했지만 어쩔 수 없이 대답했다. "그전에 직장에서 해고가 되었습니다." 그 말을 들은 B는 직원에게 말했다. "그 회사는 흙 속에 진주를 발견하지 못했군." 그 말을 들은 직원은 가슴이 뭉클했다. 전 직장에서 해고당한 경험으로 위축되어 있는 마음이 그 말 한마디에 위로를 받고 용기를 가질 수 있었다. 그 후로 그 직원은 열정을 다해서 일했고 전보다 더 좋은 성과를 보여주게 되었다.

A의 태도는 갑의 행동을 여실히 보여주었다. 사람의 태도는 곧 마음이다. A의 태도는 언제든 을이 될 수 있는 상대에게도 동일한 태도를 보이게 될 것은 너무도 뻔하다. 그의 태도로 고객들은 떠나가게 된다. 반면에 B는 갑과 을 관계를 떠나서 직원들을 다독여주며 이끌어주는 모습을 보

여준다. 그로 인해 직원들의 화합은 물론이고 직원이 받는 감동이 그대로 고객에게도 연결되면서 별다른 마케팅이 없이도 기존 고객들의 재계약은 끊임없이 이어진다.

태도는 자신의 기분을 나타내기도 한다. 어느 날 일하고 있는 나에게 동료가 다가와 말을 건넸다.

"어디 아파? 무슨 기분 안 좋은 일 있어?"
"아니. 그냥 컨디션이 조금 안 좋은가 봐."
"표정이 되게 안 좋아 보여."
"내 표정이 그래 보였어?"
"그래. 나 너 눈치 보고 있었다."

그날의 좋지 않았던 기분이 드러났는지 동료가 내 옆에서 신경이 쓰였던 모양이다. 평소와는 다르게 하루 종일 아무 말 없이 무표정한 얼굴로 묵묵히 일만 했으니 이상하게 보였을 만도 했다. 사실 나도 옆에 있는 사람이 기분이 좋아 보이지 않아서 '나한테 기분 나쁜 일이 있었나?' 하는 생각이 들 정도로 불편함을 느꼈던 적이 있었다. 나 역시 그날의 기분이 그날의 태도가 되었고, 그것으로 주변 사람들에게도 영향을 미치고 있었던 것이다.

사람들은 태도에 반응한다. 당신의 한마디가 상대에게 칼날이 되어 평생 상처를 껴안고 살아가게 하기도 하고, 죽기 직전에 사람을 살려내는 치유의 언어가 되기도 한다. 당신이 바라보는 따뜻한 눈빛은 상대에게 안정감을 주기도 하고, 멸시하는 차가운 눈빛은 상대를 얼어붙게 만들기도 한다. 당신이 마주하는 상대에게 보여주는 공손한 태도로 인해 상대 역시 조심스러운 몸가짐으로 다가오려 노력할 것이고, 당신을 보고 있는 상대를 무시하고 돌아선다면 상대 역시 당신을 보려 하지 않을 것이다. 태도가 자신의 품격을 만든다는 것을 잊지 말자. 자신이 하는 언행, 말투, 제스처는 모두 자신을 표현하는 것이나 다름없다. 부정적인 태도는 금세 주변을 부정적으로 만들어버린다. 하지만 당신이 밝은 웃음을 건넨다면 세상도 역시 웃음으로 답할 것이다. 그렇다면 지금 우리의 태도는 상대의 어떤 반응을 불러올까?

한계는 감정의 벽에서 온다

"너랑은 대화가 안 통해."

상대에게 이런 말을 듣는 순간 잘 지내보겠다고 대화를 이어가는 나의 노력이 물거품이 된다. 서로의 입장 차이를 좁히지 못하고 계속 소모전을 벌이지만 해결책이 나오기도 전에 대화가 종료가 되면 결국엔 서로가 넘지 못하는 감정의 벽이 생겨버리기도 한다.

서로를 이해하기란 보통 어려운 일이 아니다. 각자의 입장으로 인해 결국 나를 먼저 이해해달라고 하는 것에서 양보 없는 싸움은 계속된다. 그러다가 '조금 더 성숙한 사람이 이해를 하는 것이다.'라고 이해해주는 척하거나, '내가 참고 말지.' 하면서 자신이 한 걸음 뒤로 물러나다 보면 어느 순간 해결되지 않은 감정은 다시 드러나게 되어 상대와 싸움이 반복되는 악순환이 일어난다.

나와 잘 맞는다고 생각했던 사람과도 치열하게 싸울 때가 있다. 평소 사이가 좋은 가까운 사이일수록 오히려 감정의 벽은 더욱 단단해져가는 것을 느낀다. 사랑하는 사람에게 받은 상처가 더 크기 때문이다. 그래서 연인이나 친구, 가족 간에 생긴 감정의 벽을 허물기에는 많은 노력이 필요하다.

결혼과 안정적인 생활을 꿈꿔오던 A, 그녀는 자신과 성격이 잘 맞고 배려와 이해심이 많은 상대를 원했다. 그런 그녀는 모든 조건이 갖춰진 남자를 만나게 되었고 결혼까지 하게 되었다. 행복할 것만 같았던 그녀의 결혼 생활은 출산을 하고 아이를 양육하면서 어려움을 겪게 되었다. 둘은 서로 아이에 대한 양육 방식이 너무나 달랐다. 아이가 잘못을 할 때 A는 그때그때 잘못을 바로잡아줘야 한다고 훈육를 하면 남편은 '아이니까 그럴 수도 있다.'며 아이 있는 앞에서 오히려 그녀를 질타했다. 또 하나의 문제는 결혼 전부터 친구들을 좋아하던 남편은 결혼 후에도 새벽까지 친구들과 함께하고 늦게 귀가하는 날이 많았다. A가 꿈꾸던 결혼 생활은 너무도 달랐던 것이다. 자신에게 늘 배려해주고 이해심도 많았던 남편이었지만 지금은 자신을 오히려 무시하고 있다는 생각에 A는 절망감을 느끼고 있었다.

우리는 가까운 사이일수록 상대에게 자신이 어떤 행동을 하더라도 모든 것을 다 받아주어야 한다고 생각한다. 자신의 흠까지도 말이다. '이래도 안 도망갈 거지?'라고 사랑을 확인하고픈 심리인 걸까? 그런 이기적인 행동이 상대를 점점 멀어지게 만든다는 사실을 간과할 때가 많다. 처음에 상대에게 잘 보이기 위해 노력했던 마음이 상대와 친밀해지면 상대가 자신을 위해 노력해주기를 바라는 마음으로 바뀌어버린다.

A는 남편과 갈등을 풀기 위해 대화를 해보지만 끝은 싸움으로 변했다. 그럴수록 남편과 감정의 골은 더 깊어지고 둘의 대화는 단절되어버렸다. 결국 A는 남편을 단념해버리기로 했다. 변하지 않을 남편에게 맞춰달라고 애원하는 것보다 그냥 남편의 생활과 사고방식에 자신을 맞추기로 한 것이다. 그 후로 부부 싸움은 줄었고, 남들이 볼 때 문제없는 행복한 가정으로 보였지만 A의 마음은 점점 멍이 들고 있었다. 어느 날 A는 사소

한 문제로 남편에게 지나치게 화를 내고 있는 자신을 발견했다. 그동안의 불만이 쌓여 억눌렸던 감정이 폭발하고 만 것이다.

양보만 하는 사람과 그것을 당연하게 받아들이는 사람. 겉으로는 문제가 드러나지 않지만 양보만 하는 사람은 자신의 감정을 눌러가며 지내온 날들로 인해 더욱더 불안과 분노, 외로움을 쌓아간다. 남들이 모르는 자신의 고통을 스스로 감당하는 일은 결국 자신을 병들게 한다.

서로 사랑에 빠지는 것보다 지속하는 것이 더 어렵다. 관계를 지속하기 위해 자신이 희생하면서 이제 되돌릴 수 없는 자신의 처지를 체념한 듯 받아들이게 된다.

"뭐 해?"
"응, 퇴근하는 길이지. 웬일이야?"
"오랜만에 밥이나 먹자고."

어느 날 A한테서 함께 저녁을 먹자고 연락이 왔다. 우리는 오랜만에 저녁 식사를 했지만 웃을 수가 없었다. 그녀가 힘들어하는것을 알기에 난 그녀가 먼저 이야기를 꺼내기를 기다렸다. 이내 그녀의 눈에 눈물이 고이기 시작했다. 난 그녀에게 어떤 위로의 말을 해줄 수가 없었다. 다만 그녀의 마음을 모두 헤아릴 수는 없었지만 '너의 인생을 살 수 있었으면 좋겠다.'라고 말해주었다. 상대의 행복이 곧 나의 행복이 될 수는 없다. 내가 먼저 행복해야 남의 행복을 바라볼 수 있는 여유가 생길 수 있는 것이다. 나는 그녀가 그런 여유가 생기길 바랄 뿐이다. 누구도 자신의 인생을 대신할 수 없으니 너의 행복이 우선이라고.

혼자 길을 걸어가다가 작은 웅덩이에 빠져서 넘어져 있을 때 누군가가 옆에서 손을 잡아주고 일으켜 세워준다면 충분히 어려운 일도 헤쳐나갈 수 있는 용기가 생긴다. 하지만 자신과 함께하고 있는 사람이 넘어져 있는 나를 보고도 외면해버린다면 혼자 있을 때보다 더 비참하고 괴로울 것이다. 서로 감정의 벽을 두고 모른 채 살아간다면 자신 스스로 고통을 안고 살아가는 것을 자처하는 것이나 다름없다.

자신의 감정을 무시하다 보면 어느 순간 자기 자신도 잃어버리게 된다. 자기 자신을 잃어버리면 상대 또한 그런 당신을 무시해버리고 만다. 나도 언젠가 타인을 위해 자신을 희생하는 것이 착하게 사는 것이라고 여길 때가 있었다. 내 감정을 무시하다 보니 어느 순간 나 자신을 사랑하지 않게 되었고, 스스로를 미워하고 자책을 하게 되었다. 자신을 잃어버리게 되면서 나뿐만이 아니라 주변 사람들도 잃어버리게 되었다.

타인보다 나의 삶이 중요하다는 것을 깨달은 순간부터는 달라지기 시작했다. 나에게 관심이 생겼고 내가 무엇을 원하는지 조금씩 알게 되었다. 그렇게 나를 위해 생활하다 보니 나를 사랑하게 되었고, 서서히 주변 사람들이 보이기 시작했다. 타인에게 맞춰가기만 하는 게 아니라 사람들에게 사랑을 줄 수 있는 마음이 생긴 것이다.

감정의 벽을 두고 서로를 지키려고 애쓰는 것은 사막에서 오아시스를 찾는 일이나 다름없다. 자신의 한계에 부딪혀서 포기하기 전에 스스로 자신의 감정과 마주하고 상대를 바라볼 수 있어야 한다. 어쩌면 상대도 당신에게 다가서길 원하고 있거나 당신이 다가와주길 바라고 있는지도 모른다. 누구에게나 감정은 소중하다. 그러기에 누구 하나 감정을 잃어서는 안 된다. 사랑하는 사람의 감정도 사랑할 줄 안다면 더 이상의 한계는 없을 것이다.

4

어른이 되어도 여전히 아프다

어릴 때는 눈물이 많았다. 작은 것에도 상처를 받았고, 혼자 있는 것을 두려워했으며, 나의 것을 빼앗길까 걱정했다. 이런 불안정한 감정들이 어른이 되어 가는 성장통을 겪으며 조금씩 사라지는 것을 느낄 때 스스로를 대견스러워했다. 아픈 만큼 성숙해진다고 했던가? 그렇게 진짜 어른이 되면 더 이상 아프지 않을 줄 알았다. 하지만 어른이 되고 현실과 다른 삶에 실망하면서 그 기대는 사라져버렸다.

어른이면 강해져야 한다고 생각했다. 혼자의 외로움도 익숙해져야 하고, 누군가가 자신에게 비난을 하거나 돌을 던져도 흔들리지 않고 맞설 수 있어야 하고, 슬픔을 꿋꿋하게 이겨내는 것 정도는 할 수 있어야 한다고 말이다. 그렇게 감당해야 할 무게를 혼자서 하나씩 짊어지고 가다가 임계점이 오는 순간에는 어른답게 위기를 스스로 뛰어넘어 이겨내야 할지, 아니면 잠시 무게를 내려놔야 할지 깊은 고민에 빠지게도 한다.

어느 날 오른쪽 갈비뼈 쪽에 극심한 통증이 찾아왔다. 처음에는 바늘로 쿡쿡 찌르는 아픔에서 나중에는 불에 데이고 칼로 도려내는 통증으로 변해갔다. 잠을 제때 이루지 못해서 면역력이 떨어진 것이라 여기고 대상포진을 의심했지만 육안으로 보이는 수포가 올라오지 않았다. 원인을 알 수 없어 대학병원에서 정밀검사를 받고 찾아낸 진단명은 스트레스로 인한 늑간 신경통이었다. 그때 나는 이직을 하고 적응하면서 많은 스트레스를 받고 있었다. 하지만 거기서 그만두고 싶지 않았다. 여기서 물러서게 되면 힘들 때마다 계속 포기하게 될 것만 같았다. 나를 이기고 싶었던 그런 압박감이 나를 짓누르고 있었던 것일까? 그렇게 얻은 신경통은 잠을 이루지 못할 정도로 너무나도 고통스러웠다. 결국 일을 그만두고 나에게 휴식을 주기로 했다.

일을 쉬게 되면서 곧바로 여행을 시작했다. 새로운 낯선 환경을 돌아다니는 설렘은 그동안의 힘들었던 일을 잊게 했다. 그곳의 푸른 하늘과 바람, 바다와 모래 위에서 알몸으로 천진난만하게 웃고 뛰어노는 조그마한 아이들이 신세계처럼 다가왔다. 이제껏 무심히 지나쳤던 돌멩이 하나도 놓칠 수 없을 정도였다. 나를 바라보고 있는 아이들의 큰 눈망울을 마주하면서 인사를 나누는데 그들이 슬퍼하는 나를 위로해주는 것만 같아 나도 모르게 눈물이 흘렀다. 그건 말할 수 없는 지난날의 서러움과 고마움의 눈물이었다.

그동안 내가 원하고 꿈꿔오던 것들이 이들 앞에서 너무 초라하다는 것을 알게 되었다. 내가 행복이라고 생각한 것들이 사실은 이들처럼 환한 웃음이었다는 것을 깨달은 순간 그동안 짊어지고 있던 무게들이 더 이상 힘들게 느껴지지 않았다.

그 후로 나의 꿈을 다시 한 번 생각해보았다. 타인의 시선과 타인의 삶에서 벗어나 나만의 행복이 필요했다. 나약한 나의 마음으로 병을 얻었다는 것에 대한 죄책감과 극심한 신경통의 아픔도 서서히 줄어들었다.

힘들어도 괜찮은 척, 상처를 받아도 괜찮은 척, 그렇게 괜찮은 척을 하고 살았지만 이제 나는 척이 아닌 정말 괜찮은 삶을 살게 되었다. 힘들면 힘든 대로, 상처받으면 상처받은 대로 그렇게 나를 드러내는 순간부터 모든 것에 마음의 여유가 생겼다. 남들이 저만큼 달려가 있으면 쫓아가기 위해 조급해했지만, 이제는 속도가 중요하지 않다는 것을 잘 안다. 천천히 주변을 둘러보고 앞에 가는 사람들을 보면서 그들의 로드맵을 따라 편하게 달리기도 하고 뒤를 보며 따라오는 사람들에게 응원을 해주는 기쁨을 누리기도 하고 함께 달리고 있는 옆 사람과 서로 힘이 되며 달리는 행복이 인생의 과정임을 알게 된 것이다.

지난날의 나의 고통은 더 이상의 아픔이 아니다. 고통이 있었기 때문에 지금의 행복을 깨달을 수 있게 되었으니 나는 그 고통이 얼마나 감사한 일인지 모른다. 인생에는 그만큼 거저 얻어지는 것이 없다. 대가를 치르고 나서 보상을 얻는 것은 진정한 어른이 되어가는 과정이다. 덕분에 나는 아픔에 관대해질 수 있게 되었다. 사랑하는 사람에게 버려졌던 아픔은 나를 먼저 사랑해야 한다는 법을 알게 해주었고, 사랑은 서로를 성장시키는 관계라는 것과 그리고 사랑하는 상대도 놓아줄 수 있어야 한다는 것을 알게 되었다. 나의 부족함으로 비난을 받았던 아픔의 경험도 내가 성장할 수 있는 오기가 되었고, 조언으로 받아들일 수 있는 의연함과 노력으로 얻은 성공의 기쁨도 얻게 해주었다. 그렇게 아픔을 충분히 느낄 수 있을 때 찾아온 보상은 나를 성숙한 어른으로 만들어주었다. 지나고 보면 세상은 나의 편이었다. 마치 어린아이 때 배고프다고 울면 먹을 것을 주었고, 넘어져서 울 때는 누군가 안아서 달래주었고, 끝나지 않을 것 같은 순간의 불행도 어느 날 나에게 새로운 기쁨을 안겨주기도 하고, 포기를 해야겠다고 좌절하는 순간에는 일어설 수 있는 기회가 생기기도 했다.

인생에 대해 다 알고 있다고 자부했던 시기가 있었다. 그러나 인생의 정답이 있는 것처럼 어른인 척하며 세상을 달관한 사람처럼 틀에 박힌 인생론을 갖고 있었던 나는 그것이 오답임을 깨달았다. 바쁘게 생활하느라 잊고 지내다가 불현듯 지금 이 순간이 예전에 그토록 원하던 것이었다는 걸 깨달은 것처럼 나도 모르게 이미 선물로 받은 순간들이 참 많았다. 그래서 나는 지금 현재 갖지 못했다고, 할 수 없다고, 안 된다고 해서 슬프지 않다. 언젠가 또 세상은 나에게 선물을 준다는 사실을 알기 때문이다. 만약 인생이 정해진 대로 흘러가는 것이라면 너무 재미없을 테니까 말이다. 그렇게 인생을 알기에는 세상은 너무 넓다.

어른이 되면 모든 것이 완성이라고 생각했다. 그러나 불안한 것이 어른이었다. 많은 시련과 좌절 속에서도 기꺼이 이겨낼 수 있는 어른이 되고 싶었다. 그래서 강한 어른이 되고 싶었는지도 모른다. 현실 속에서는 울고 싶어도 울지 않으려 했고, 화를 내고 싶어도 속으로 억눌러야 했으며, 분노가 치밀어 올라도 참아 내야 했다. 그렇게 남들 앞에서 성숙한 어른이 되기 위해 노력했지만 안쓰럽게도 그 안에서는 너무나 아팠다. 사람에게 감정은 태어나면서부터 숨을 거두는 순간까지 살아 있다. 자라면서 어느 순간 감정의 표현에 인색해졌지만 우리도 아이 때처럼 감정에 조금 더 솔직해질 수 있어야 한다.

지난날의 세월은 조금씩 날 어른으로 만들고 있었다. 때로는 나의 눈빛과 말투와 행동이 상대에게 주게 될 아픔의 정도가 얼마나 큰지를 남들에게 상처를 받아 아파봤기 때문에 알게 되었고, 지금의 행복과 시련은 인생의 끝이 아닌 과정임을 받아들일 수 있었고, 작은 것에도 행복을 누릴 수 있게 되었다. 이제 나는 10년 후 더 나은 내가 되기 위해서 앞으로의 험난한 길도 맞이할 준비가 되어 있다. 그것이 어른이 되어도 아픈 이유다.

"다녀왔습니다."

"늦었구나. 밥은 먹었니?"

"네, 먹고 들어왔어요. 이제 식사하시네요? 늦게 들어오셨나 봐요?"

"응. 아빠도 오늘 좀 일이 늦게 끝났구나. 너도 좀 더 먹지 그러니?"

"아니에요. 전 배불러요."

어느 날 조금 늦게 퇴근하고 집에 들어와 보니 아버지가 혼자서 저녁을 드시고 계셨다. 약주가 생각나셨는지 냉장고에 남아 있는 소주를 꺼내어 드시고 계셨다. 그때 아버지의 뒷모습을 보았는데 어릴 때 보던 단단하고 넓은 어깨가 아니었다. 힘없이 약해진 아버지의 뒷모습에서 외로움이 느껴졌다. 아버지가 걸어온 길은 어떠셨을지, 그리고 얼마나 아프셨을지 아버지의 굽은 어깨가 안쓰러웠다. '아버지도 누군가에게 이야기를 하고 싶으셨을까?'란 생각이 들었다.

"아빠. 소주 드시네요? 저도 한잔 마실래요."

그날 나는 아버지와 함께 이런저런 이야기를 나누었다. 어른으로 아버지는 어떻게 살아오셨는지, 나는 어떤 어른이 되고 싶은지에 대해서.

5

당신의 감정이 현실이 된다

인생을 내가 원하는 대로 살아갈 수만 있다면 얼마나 좋을까? 그러나 인생은 그렇게 호락호락하지 않다는 것을 매번 깨닫는다. 인생의 우여곡절을 겪으며 얻은 깨달음은 인생은 터널과 같아서 어둠은 언젠가 지나가게 된다는 것이다. 아무리 어려운 시련도 이겨내지 못할 것은 없다.

이 사실만 잘 알고 있다면 터널을 통과하기도 전에 포기하고 주저앉아 어둠 속에 계속 머물러 있지 않을 것이다. 긍정의 마음이 있다면 얼마든지 희망을 갖고 나아갈 수 있게 된다. 세상을 우리의 힘으로 바꿀 수는 없어도, 적어도 우리의 삶을 바라보는 시선에 따라 그 삶이 불행해질 수도, 행복이 될 수도 있다.

아침에 제일 먼저 눈을 뜨면 '오늘 하루 감사합니다.'라고 외치는 습관이 생겼다. 그렇게 아침에 주문을 걸듯 감사를 외치며 시작한 하루는 생각보다 일이 잘 풀리는 경험을 하게 된다. 내가 상대에게 미소를 건네며 인사를 하면 상대도 미소를 지으며 나에게 인사를 해주듯이 모든 것이 나에게 감사로 답을 해준다.

예전의 출근 풍경은 지금과는 사뭇 달랐다. 억지로 몸을 일으키고 출근을 준비할 때면 '정말 일 나가기 싫다.'라는 생각부터 먼저 들었다. 그렇게 시작한 하루는 컨디션이 좋을 수가 없었다. 출근해서는 피곤한 표정으로 사람들을 대하고, 그날의 업무를 하면서도 체력적으로 쉽게 지쳐버렸다. 그렇게 반복되는 일상이 지속되다 보니 아침에 늘 외치던 주문대로 일이 싫어져버렸다. 그때는 일이 나와 맞지 않는 일이라 생각했다.

그러나 그 일은 처음부터 내가 원하던 일이었고 재미와 보람을 느끼며 하던 일이었다. 사실 달라진 건 일이 아니라 나의 마음이었다. 결국 나의 부정적인 감정이 나의 일을 부정적으로 만들고 말았다.

나의 생각에 스스로 제약을 걸어놓을 때가 많다. '내가 과연 이런 일을 할 수 있을까?', '이런 일은 불가능한 일이야.' 이런 생각으로 나의 능력을 제한했다. 그러다 보면 꼭 내가 생각하는 정도의 능력을 발휘하게 된다. 나는 여기까지라고 여기면서 말이다. 나의 능력을 스스로 제한하며 살아온 삶은 나를 발전시키지 못했다.

부정적인 생각은 늘 부정적인 말로 이어졌다. '정말 되는 일이 하나도 없어.', '나는 왜 이렇게 운이 없지?', '짜증나 죽겠어.' 이렇게 습관처럼 내뱉은 말의 힘은 더욱더 나를 부정적인 사람으로 만들어버렸다. 모든 것이 불만이 되어버렸고, 상대에게도 좋지 않은 면만 찾고 있었다. 나는 그렇게 나의 삶을 어두운 터널로 계속 밀어넣고 있었던 것이다.

어느 날 우연히 지나치다가 유리창에 비친 나를 발견하고 깜짝 놀랐었다. 처음엔 '저 사람 왜 저렇게 화가 나 있는 거야?'라고 생각했는데 그 사람이 나였던 것이다. 모든 것이 싫었던 나의 감정이 그대로 나의 얼굴로 나타나 있었다. 나는 더 이상 그런 얼굴로 살아가고 싶지 않았다. 그 후로 나는 변하고 싶었다. 웃는 얼굴로 돌아가고 싶었다.

우선 나의 마음부터 바꿔보려 노력했다. 부정적인 마음에서 긍정적인 마음으로 바꾸는 것은 너무나 어려운 일이었다. 좋게 생각하려고 하다가도 어느새 다시 나쁜 감정으로 돌아왔다. 평상시에 말도 습관이 되었던 터라 부정적인 말은 불쑥불쑥 나왔다. 오랫동안 부정적인 감정으로 살아온 나를 바꾸기는 쉬운 일이 아니었다. 결국 억지로라도 나의 마음과 상관없이 행복하지 않아도 웃는 얼굴로 미소를 짓기로 했다. 그 웃음은 처음에 상당히 어색했다. 누가 봐도 애써 웃는 얼굴처럼 자연스럽지가 못했다. 가식처럼 웃는다고 말한 사람이 있을 정도였다. 그러나 나는 계속 멈추지 않았다. 웃는 얼굴이 되기를 간절히 원하고 있었다.

한동안 그렇게 웃는 연습을 하니 어느 순간 웃는 게 편해지기 시작했다. 안 쓰던 얼굴 근육을 쓰느라 경직되어 있는 근육도 어느새 웃는 얼굴로 자리를 잡은 듯했다. 웃는 연습으로 더욱 좋아진 건 웃고 있는 표정처럼 나의 마음도 변해가는 것이었다. 입버릇처럼 내뱉던 부정적인 말도 더는 하지 않았고, 나의 감정도 긍정적으로 바뀌고 있었다.

긍정의 감정은 나를 변화시켰다. 할 수 없을 거라 여기던 마음이 무엇이든 할 수 있다는 마음으로 바뀐 것이다. 그런 긍정의 마인드로 바뀐 나를 '도대체 무슨 자신감이야?'라는 생각을 갖고 지켜보는 사람들도 있었다. 사실 나는 결과가 중요하지 않았다. 결과물보다 나 자신을 믿고 도전하는 자신감이 생겼다는 것이 행복했다. 나에 대한 긍정의 힘은 나의 능력까지 향상시켜주었다. 자신 없다고 머무르던 나를 먼저 앞장서게 했고, 그런 열정이 나를 더욱 성장시켰다.

인생길에는 장애물이 놓여 있다. 예전에는 달려가다 허들을 보면 일단 멈춰 섰다. 꼭 허들에 걸려 넘어져서 다칠까 봐 두려웠다. 그러나 이제는 자신감을 갖고 속력을 내고 힘차게 달려나가 허들을 뛰어넘고 있다. 간혹 허들에 걸려 넘어진다고 해도 다시 툭툭 일어나서 뛸 수 있는 용기가 생겼다. 인생의 허들을 없앨 수는 없어도 허들을 뛰어넘을 수 있는 용기는 얼마든지 선택할 수 있는 것이다.

A : "나 괜한 짓을 한 거 같아서 속상하다."
B : "왜 잘 안 돼?"
A : "나이에서 오는 한계가 있네. 걱정이야."
A : "요즘 눈물만 나더라고, 내 자신이 한심하더라."

늦은 나이에 새로운 일에 도전하는 친구의 고민이었다. 현실에 부딪혀야 할 난관이 많기 때문이다. 나는 그 친구가 포기하지 않길 바랐다. 현실에 수긍하고 아무것도 하지 않는다면 아무 일도 일어나지 않기 때문이다. 그래서 난 결과보다 꿈을 위해 도전해볼 가치가 있다고 말해주고 싶었다. 도전하는 자체만으로도 그 친구는 이미 이룬 것이나 다름이 없다고 말이다.

예전에 나는 직장 동료의 포부를 들은 적이 있었다. 그 친구의 포부는 대단했다. 나와 꿈의 크기와 그릇이 너무도 다른 그녀가 대단하게 느껴지기도 했지만 한편으로는 '너무 허황된 거 아니야?'라는 생각도 했다. 그러나 그녀는 한계를 정했던 나에게 보란 듯이 자신의 꿈을 뛰어넘어 그 이상으로 성장한 자신을 보여주었다. 지금도 그녀는 꿈을 계속 그려가고 있고, 꿈을 향해 끊임없이 도전하고 있다. 그녀가 성공할 수 있었던 것은 그녀의 실력이 남들보다 뛰어나서가 아니라 긍정의 생각으로 자신을 이끌었던 강한 믿음 때문이었다.

감정은 현실이 된다. 내가 느끼는 감정이 곧 나의 생각이 되고, 생각은 말과 행동으로 이어진다. 세상을 자신의 뜻대로 바꿀 수는 없어도 적어도 자신의 감정을 선택할 수는 있지 않은가. 좋은 생각과 좋은 감정을 갖고 살아간다면 긍정의 에너지는 곧 자신의 삶을 풍요롭게 해줄 것이다.

지금 먼저 거울을 보라. 그리고 웃는 행복한 표정을 지어보라. 감정을 행

복하게 만드는 건 생각보다 쉬운 일이다.

6

끌리는 사람에게는 비밀이 있다

SNS로 오늘 점심은 무엇을 먹을지 고민하고 있는 순간까지 주변 사람들과 공유를 하면서 우리는 그곳에서 매일 만나고 있다. 서로의 삶을 보면서 행복의 경쟁이라도 하듯이 프로필 사진이나 인스타에 사진을 올리는데 그 안에 나는 늘 행복한 내가 되어 있다. 회사에서 시달리고, 상사에게 깨지고, 인간관계에서 우울해하고, 벌써 다음 달의 월급을 생각하고 있는 나의 모습은 온 데 간 데 없이 평온하고 여유가 넘치는 나의 모습만 있다. '다른 사람들도 나처럼 그런 삶일까?' '이들은 진짜로 행복할까?' 이런 의문이 들었을 때 누군가가 옆에서 이런 말을 해주었다. "너도 네 SNS 보고 있으면 엄청 잘살고 있는 것처럼 보여." 나는 그 말을 듣고 나도 모르게 웃음이 흘러 나왔다. 깊이 들여다보지 않는 이상 우리의 삶은 보이는 게 다가 아니었다. 겉으로 보이는 삶이 다가 아니듯이 사람도 마찬가지로 겉모습으로 그 사람을 다 안다고 말할 수는 없다.

'보면 볼수록 매력이 있다.' 누군가에게 이런 말은 듣는다면 참 기분 좋은 일이다. 인간은 누구나 상대에게 잘 보이고 싶은 욕망이 있다. 자신을 얼마든지 드러낼 수 있는 환경이 되어버린 요즘은 이런 욕구를 충족시킬 수 있는 최적의 삶이다. 그러나 겉모습만으로 상대의 마음까지 끌기에는 한계가 있다. 사람을 끌어당기는 매력은 어디에서 오는 것일까?

얕은 관계일수록 사람의 겉모습은 중요하다. 얕은 관계는 표면적인 일에만 연결되어 있는 사이로 서로가 필요한 것만 주고받으면 되는 관계이다 보니 상대와 깊은 속마음까지 나눌 일이 별로 없다. 서로 겉으로 보이는 면에서 신뢰성을 찾아야 하기 때문에 그 사람의 스타일과 매너와 표정으로 상대를 판단한다. 하지만 깊은 관계로 가기 위해서는 상대에게 더 많은 것을 기대하게 된다. 그때부터는 그 사람의 내면까지 들여다보게 된다. 상대를 알아갈수록 첫인상보다 기대 이하로 느껴질 때도 있고, 첫인상이 안 좋았는데 볼수록 계속 끌리는 경우도 있다. 그것은 바로 내면이 어떤 사람인가에 달려 있다.

항상 밝게 웃고 매사에 적극적이며 친절했던 A. 그의 최대의 장점은 언제나 회사의 이슈를 주변 사람들에게 가장 먼저 발 빠르게 전달해주는 것이었다. 직원들과 문제의 이야기를 나누면서 무료한 직장 생활의 활력소가 되었던 그는 주변에 항상 사람들이 많았다. 하지만 그의 행동이 다른 한편으로는 문제가 될 때도 있었다. 어느 직원이 회사와 안 좋은 일을 겪었을 때에도 그 사람의 이야기 또한 예외는 없었다. 어느 순간 그는 남의 이야기와 험담도 늘어놓고 있었다. 사람들은 자신도 어쩌면 그의 이야기의 소재가 될 것이라는 생각에 그를 점점 멀리하게 되었다.

말수는 적지만 묵묵하게 자기 자리에서 성실함을 보여주는 B가 있었다. 그녀는 남의 이야기를 잘 들어주고 공감을 잘해줘서 사람들은 그녀에게서 많은 위안을 얻는다. 하지만 그녀가 단지 공감을 해준다는 것에서 인기가 좋았던 것만은 아니다. 그녀는 상대의 이야기를 남들과 공유를 하거나 절대 옮기는 법이 없었다. 그런 그녀의 무게감을 사람들은 좋아하고 있었던 것이다.

외향적인 A는 자신의 입담과 화젯거리로 사람들의 관심을 끌기에 충분했다. 흥미 있는 이야기 소재 외에는 관심이 없었던 그는 상대방의 마음을 헤아리는 것은 미처 생각하지 못했을 것이다. 배려가 없는 이야기는 상대에게 상처를 주게 된다. A는 겉으로 보이기에 주변에 사람들이 많은 것처럼 보이지만 얕은 관계일 뿐 그 이상의 관계로 진전이 될 수 없었다. 그러나 B는 사람들에게 눈에 띄지 않는 성격이지만 그녀는 공감을 넘어 상대의 마음을 소중하게 여기는 진실함이 있었다. 그녀의 성품을 알고 난 후부터 사람들은 그녀를 신뢰하고 점점 다가가게 되었다.

끌리는 사람에게는 사랑이 있다. 그렇다면 사랑을 제대로 이해하는 사람은 몇이나 될까? 우리는 상대를 사랑하는 법에 대해서 수많은 책과 영화를 보면서 간접적으로 깨달음을 얻기도 하고 반복되는 연애의 실패와 시련에서도 성숙한 사랑을 배워간다. 그렇게 사랑은 이기적인 사랑이 아닌 배려와 존중이 바탕이 되어야 함을 잘 알고 있다. 그러나 사랑할 때 스스로에 대한 이기적인 사랑을 할 때가 종종 있다.

자신이 상처받기 싫다고 남에게 상처를 주지 않았는지, 자신에게 피해가 돌아올까 봐 상대에게 피해를 전가하지 않았는지, 다 같이 배고픈 상황에서 내 배만 채우지 않았는지 돌아봐야 한다. 자신에게 떳떳하지 못한 사랑은 자신을 진정으로 사랑하는 것이 아니다.

"저는 괜찮습니다."

신종 코로나 바이러스로 국가가 재난을 겪고 있을 때 가족들의 반대도 무릅쓰고 사명감으로 뛰어든 어느 의료진의 인터뷰였다. 병상과 인력, 물품이 부족한 열악한 환경 속에서도 그녀는 밝은 표정으로 오히려 국민들을 응원했고, 가족들이 걱정되긴 하지만 자신은 괜찮다는 말은 보는 이들을 뭉클하게 했다. 그녀는 아픔이 있는 그곳에서도 그 누구보다 행복해 보였다. 남들이 부러워할 행복의 가치보다 그녀가 누리는 행복의 가치는 더 크고 위대했다. 자신의 사랑을 여러 사람과 나누는 사랑일수록 그 사랑은 커져서 자신에게 돌아오게 되어 있다. 자신을 진정으로 사랑하는 것은 자신에게 떳떳하고 자랑스럽고 행복한 사랑이어야 한다. 힘든 시간을 통과할 때 보통은 주변을 둘러볼 여유가 없다. 그러나 그녀는 달랐다. 모두가 아픔에서 빠져나올 때 아픔을 향해 반대로 뛰어가는 그녀에게서 아름다운 사랑을 느낄 수 있었다.

끌리는 사람은 행복을 누릴 줄 안다. 자신의 삶에 만족하고 작고 사소한 것에도 감사함을 느낀다. 이들은 언제나 밝은 표정과 긍정적인 생각과 행동으로 자신에 대해서도 자신감을 갖게 만든다. 항상 의욕이 넘치고 모든 것에 감사할 줄 아는 사람 곁에는 좋은 사람들과 좋은 일이 몰려든다. 너무나 당연하게 여기던 부분도 누군가에게는 절실한 것일 때가 많다. 항상 곁에 있던 것이 어느 순간 사라졌다고 생각해보자. 그때야 우리는 그것이 정말 소중했다는 것을 깨닫게 될 것이다. 감사함은 멀리 있는 게 아니다. 우리가 먹고 자고 입고 생활하는 것, 모든 것이 감사한 일이다. 그래서 감사함을 느끼는 사람들의 마음은 언제나 행복하다.

"어제 남편의 잠든 얼굴을 보고 있는데 눈물이 났어."

"뭐 때문에?"

"우리 가족을 위해서 새벽같이 일어나 늦게까지 일하고 잠든 모습이 안쓰럽고 고마워서……."

언젠가 친구가 남편이 새벽같이 택배 일을 하고 잠든 모습을 보고 나에게 한 말이었다. 나는 그 친구의 마음이 너무 예뻐 보였다. 주변 모든 것에 감사해하는 그녀를 보고 있으면 나까지 행복해지는 기분이 들었다. 그녀는 누구보다도 부자였다.

마음의 행복은 돈으로도 바꿀 수 없는 그녀의 자산이었다. 그녀의 부족함 없는 행복한 미소가 부러울 때가 많았다. 사실 우리 주변에도 가진 것에 만족하고 행복해하는 사람은 드물기 때문이다.

외형적으로 근사한 사람은 시선을 끌어당길 수는 있어도 마음까지 끌어당길 수는 없다. 상대에 대한 배려와 존중, 사랑, 행복을 누릴 수 있는 감사한 마음이 있는 사람은 스스로 빛이 난다. 빛은 숨기려야 숨길 수가 없다. 그래서 사람들은 그 빛을 향해 다가가는 것이다.

7

분노가 당신의 인생을 망친다

살아가면서 욱하는 순간이 올 때 당신은 분노를 어떻게 표출하는가? 상대를 비난하거나, 언성을 높이거나 더 나아가서 과격한 행동을 표출한다든지, 분노를 드러내는 방식은 저마다 차이가 있다. 분노를 느낄 때 자신의 감정을 적절하게 표출하는 것은 이롭다. 그러나 그 한계선을 넘을 경우 상대에게 상처를 주는 것은 물론, 당신의 인생까지 망칠 수도 있게 된다.

우리는 점점 참을성을 잃어가고 있다고 느낄 때가 많다. 그것은 어쩌면 급변하는 사회 속에서 빠르게 적응을 해야 하는 환경 탓일지도 모른다. 그런 생활은 우울증과 좌절로 인한 스트레스로 인해 우리의 마음은 점점 병들어가고 자신의 감정을 통제할 수 있는 힘조차 잃어가게 한다. 심각하게는 사회적으로 소외되고 스스로 위축되어 사회와 고립되는 사람들이 생겨나기도 한다. 가끔 매스컴에서 자신의 화를 누르지 못하고 잘못된 감정을 표출한 범죄가 보도되기도 한다.

사실 분노로 인한 결과는 드러난 범죄뿐만 아니라 우리의 일상 속에서도 나와 주변 사람들의 마음을 다치게 하는 일이 많다. 더욱이 분노는 자신이 감당할 수 없는 되돌리기 어려운 상황을 만들고 뒤늦은 후회의 삶을 살게 한다.

어느 날, 오래전에 인연이 있던 지인을 우연히 만난 적이 있다. 우리는 서로 반가운 마음에 가까운 카페로 자리를 옮겨 서로의 안부를 물었다. 그녀는 어느새 결혼을 하였고 그 사이에 이혼도 했다. 달라진 생활의 변화만큼 시간이 많이 흘렀음이 새삼 느껴졌고 무엇보다 그녀의 이혼 소식이 놀라웠다. 그녀의 표정은 매우 복잡해 보였다. '이혼으로 많이 힘들었겠구나.' 짐작을 하고 있을 때쯤 그녀는 뜻밖의 고민을 이야기했다.

"다시 재결합을 하자고 한다고?"

전 남편이 다시 재결합을 원한다는 것이다. 나는 '잘된 거 아닌가?'라는 생각으로 반기는 마음으로 물었다. 그러나 그녀는 그렇지 않다는 표정으로 말을 이어갔다.

"응. 그때 자기가 너무 경솔했다고. 다시 한 번 잘해보자고 하는데 다시 시작하기가 두려워."

그녀는 남편에게 확신이 없어 보였다.

"왜? 남편도 앞으로 더 노력하지 않을까?"

나는 이유에 대해 물었다.

"아니. 그 사람은 쉽게 화를 내. 연애 때도 그랬거든. 자신이 마음에 들지 않으면 모든 것을 다 끝낼 사람처럼 굴어. 그는 달라지지 않을 거야."

전 남편은 평상시에는 자상한 사람이었다. 그러나 욱하는 성질이 있었다. 상대의 실수나 마음에 안 드는 부분에 너그럽지 못했다. 남편은 화가 나면 상대의 자존심을 건들고 비난하며 결국 마지막에는 관계를 끝내자는 말로 싸움을 마무리했다. 그녀도 그런 순간마다 조금씩 마음의 준비를 하고 있었다. 그러던 중 다툼이 생긴 날 남편이 또다시 헤어지자는 말을 꺼낸 그날 더는 참을 수가 없었던 것이다.

순간의 화를 참지 못하고 그때의 감정을 여과 없이 상대에게 표현하고 나서 자신이 했던 말과 행동에 대해 뒤늦게 후회를 하는 경우가 많다. 분노가 그 이상의 한계선을 넘을 때는 이성적이지가 못할 때가 많다. 맞닥뜨리게 된 상황에 어떤 것이 옳은 행동인지 분별력을 잃어버리게 되고 결국 문제조차 해결할 수 없게 된다. 어쩌면 그녀의 전 남편은 이혼이 하고 싶었던 것이 아니라 화가 나는 상황을 그녀에게 화풀이를 하고 싶었던 것일지도 모른다.

나 역시 화가 날 때 상대에게 나의 감정을 풀려고 할 때가 있다. 마치 상대에게 응징이라도 하듯 상처를 줄 때 마치 나의 화난 감정에 보상이라도 받은 듯한 착각을 한다. 하지만 그 순간이 지나고 나서는 보상받았다고 생각했던 마음 역시 괴롭다. 이성적이지 못했던 나의 행동은 그릇된 판단을 하고 난 뒤였기 때문이다. 그녀는 재결합하는 것을 선택하지 않았다. 연애에서부터 지금까지 상대가 변화하기를를 바랐지만 그때마다 상대는 자신의 분노에 대해 합리화했다. 물론 이유 없는 분노는 없다. 그러나 분노는 어디까지나 자신의 감정 문제이지, 상대에게 그 감정을 푸는 것은 합리적인 방법이 아니다. 분노를 쉽게 느끼는 사람들이 있다. 작은 일에도 쉽게 짜증을 내고 자신의 뜻대로 되지 않을 때 주변 사람들에게 쉽게 화를 낸다.

젊은 시절부터 성격이 다혈질로 주변 사람들을 눈치 보게 했던 A가 있다. 그는 자신의 일에 열정을 갖고 진취적으로 열심히 삶을 살았지만 그의 단점은 자신의 마음에 들지 않으면 곧바로 불같이 화를 내는 것이었다.

어느 날 A는 고민을 말했다.

"내가 성격이 이렇게 생겨 먹어서 사람들이 많이 힘들어 한다는 걸 잘 알아. 그런데 화가 나면 쉽게 조절이 안 되네. 이제 노력을 해봐야지."

A는 불같은 성격 탓에 사람들과의 관계로 손해를 보는 일이 종종 있었

다. 그런 성격을 스스로도 알고는 있지만 쉽게 고쳐지지가 않았다. 그는 이어서 이렇게 말했다.

"어쩌면 내 성격 탓에 이런 병이 생겼는지도 모르지."

젊은 시절부터 지금까지 분노를 달고 살았던 그는 음주와 흡연으로 스트레스를 해결했고, 지금은 심혈관 질환을 앓고 있다. 감정은 결국 마음과 육체의 거울이기도 하다. 자신의 감정을 제대로 표출하지 못해서 화병이 걸렸다는 말처럼 습관이 되어버린 분노는 심장까지 혹사를 시키고 있던 것은 아닐까?

자신의 감정을 표현하기 이전에 이성적으로 상황을 판단한 뒤에 필요한 감정을 표현할 수 있도록 지속적인 마음의 수양이 필요하다. 사실 순간의 분노도 한 시간 또는 하루 뒤면 어느 정도 사그라질 때가 많다. 그래서 나는 화가 나는 순간에는 그 어떤 것도 결정을 하지 않기로 했다. 특히 상대와 대화를 하는 것은 감정적으로 대할 수밖에 없기 때문에 화가 나면 일단 모든 것을 잠시 접어두고 생각을 다른 곳으로 돌려 기분 전환을 시도했다. 내가 좋아하는 음악을 듣거나 즐거운 영상을 보기도 하고 산책을 즐기면서 기분을 바꾸었다. 그러다 보면 흥분이 극에 달았던 분노는 어느 정도 가라앉았다. 물론 문제였던 일을 다시 떠올리면 화가 나지만 이성적으로 판단할 수 있는 정신이 돌아온 상태라 다시 그 문제에 대해 객관적으로 마주할 수가 있다.

분노를 조절하지 못하는 사람은 언제나 지뢰를 끌어안고 사는 사람과 같다. 자신의 생각과 맞지 않을 때 쉽게 화를 표출하는 사람은 늘 지뢰가 터질 준비가 되어 있는 사람이다. 분노가 습관처럼 당신의 일부가 된 것이라면 멈춰야 한다. 분노는 결국 자신의 정신과 육체를 병들게 하고 주변의 모든 것도 잃게 만들 것이다.

8

싫은 사람에게도 좋은 점은 있다

나와 맞지 않는 사람, 괜히 이유 없이 싫은 사람이 있을 때가 있다. 직장에서 특히 자주 마주치는 상대가 그런 사람이라면 회사 다니는 것조차 불편하다. 그러나 반대로 바꿔 말하면 상대에게도 내가 싫은 존재가 되는 일이기도 하다. 모든 사람이 다 좋을 수는 없고, 나 또한 모든 사람이 나를 다 좋아해줄 수는 없다. 그러나 그런 관계들로 인해 우리의 생활이 불편한 요소가 된다면 생각을 전환할 필요가 있다. 조금만 생각을 바꿔본다면 불편한 관계나 생활은 곧 사라질 것이다.

자신의 일을 사랑하고 열정적으로 일하며 늘 자신감이 가득 차 있는 당당함이 매력인 A가 있다. 하지만 그녀는 상대와 대화를 할 땐 말투가 차갑고 거침없이 솔직해서 자칫 상대를 무시하는 것처럼 보일 때가 있다. 주변 사람들은 그녀를 불편하게 느꼈고, 나 역시도 그녀와 가까워지기가 어렵다고 생각했다. 하루는 그녀의 얼굴이 어두워 보였다. 나는 별로 친하지 않았기 때문에 굳이 신경을 쓰지 않으려 했다. 우연히 쉬는 시간에 커피를 마시고 있는데 그녀도 쉬러 나왔는지 커피를 마시며 내 옆으로 앉았다. 그녀는 이내 나에게 말을 걸어왔다.

"내 말투가 문제가 있나? 난 그런 의도로 말한 게 아니었는데 상대가 오해를 했는지 화가 많이 났어. 그래서 그 사람이 나한테 따지러 오겠다는 거야."

나는 그녀가 자존심이 센 사람이라고 생각했다. 언제나 일도 똑부러지게 해냈고, 상대가 일적인 부분에 실수를 했을 때도 콕 집어서 문제를 걸고 넘어졌기 때문이다. 그런 그녀가 자신의 허점을 이야기하는 것이 조금은 의아하기도 했다.

"그래서 진짜 온다고? 오해라고 사과를 해보지 그랬어."
"사과했지. 근데 그것도 내 사과하는 태도가 맘에 안 든다고 더 화를 내던데. 어쩌지? 혹시 나 대신 전화해서 얘기 좀 해주면 안 될까?"

그녀의 불안한 모습은 처음이었다. 그녀에게 단단히 화가 난 상대이기 때문에 그녀가 직접 해결하는 것보다 제삼자가 해결하는 편이 더 나은 일이 될 수도 있겠다 싶었다. 나는 그렇게 해주기로 하고 상대에게 전화를 걸었다. 상대도 어느 정도 화가 진정이 되어 있던 상태였는지 나의 설명을 들어주었고 문제는 다행히도 잘 마무리되었다.

그 일로 그녀와 나는 자주 이야기를 나누게 되었다. 딱 부러지는 말투로 인해 강해 보였던 그녀는 생각보다 마음이 굉장히 여렸다. 그때 전화의 일도 그녀의 여린 마음 때문이었다. 그녀의 마음을 알고 난 후부터 딱딱한 말투가 더 이상 밉지가 않았다. 겉으로 보이는 그녀의 스타일이 내면과 같지 않다는 것을 알았기 때문이다. 그녀 역시도 새침하게 보였던 나에게 다가오기가 어려웠다고 한다. 우리는 그렇게 각자의 기준으로 서로의 이미지를 평가하고 거리를 두고 있었던 것이다.

내가 아무리 포용적이고 따뜻한 마음을 갖고 있어도 나를 상대에게 드러내지 않는 이상 나의 마음을 알아줄 리 없다. 상대를 겉으로 보이는 이미지로 편견을 갖고 대하다 보면 오해는 계속 쌓이게 된다. 사람을 사귀기도 전에 내가 좋아하는 사람과 싫은 사람을 이미 나누고 있을 때가 많았던 것이다.

서로 마음에 맞지 않았던 사람과 함께 일했을 때의 경험이다. B는 내가 하는 일마다 태클을 걸고 못마땅해했으며 나의 생각과는 정반대로 뛰었다. 번번이 부딪히는 횟수가 잦았고 급기야 서로 언성까지 오가는 상황도 생겼다. 서로 신경의 날을 세운 채로 일을 하다 보면 알게 모르게 서로 경쟁을 하기도 한다. 실수를 하지 않으려 더 꼼꼼하게 챙기고 모든 일에 지고 싶지 않은 독기를 품게 만들었다. 그러던 어느 날 B가 일을 그만두게 되었다. 그동안 스트레스의 대상이었던 존재가 사라지니 날을 세웠던 신경도 누그러졌다. 그렇게 일의 긴장감과 함께 나의 마음도 느긋해져갔다. 좋은 사람들로만 채워진 나의 공간에서는 모든 게 최고의 팀워크라고 생각했다. 그러나 어느 순간 일이 재미없게 느껴졌다. 단조로운 생활은 나의 생활에 에너지를 만들지 못했다. 그때 B가 있던 날의 나의 모습이 떠올랐다. B가 있을 때는 난 누구보다 에너지가 넘치는 사람이었다. 그녀의 공격에 언제나 받아칠 준비가 되어 있었다. 그러기 위해서는 빈틈이 없이 일에 집중을 해야만 했다. 오히려 B에게 스트레스였던 나는 일에 더욱 매진할 수 있었다. 그때 나는 깨달았다. B는 걸림돌이 아니라 나 자신을 관리하게 하는 원동력이었고, 달릴 수 있게 만든 에너지였던 셈이라는 사실을.

내가 좋아하는 사람과만 살아가는 세상이 과연 행복할까? 사람에도 균형이 필요하다. 똑같은 성향의 사람들보다 각자의 개성으로 만들어가는 세상이 활기찬 세상을 만들어갈 수 있다. 그래서 나는 그런 부분을 받아들이기로 했다.

누구나 가지고 있는 역할이 다르고 능력이 다르듯이 자신이 좋아하는 성향이나 생각은 다를 수밖에 없다. 내가 좋고 싫음의 평가는 나의 취향과 일치하는 사람일 뿐이다. 내가 좋아하는 사람도 다른 사람과는 맞지 않을 수 있는 것처럼 세상엔 좋고 나쁜 사람은 없다.

편견을 버리고 상대의 장점을 바라볼 수 있어야 한다. 그리고 그 장점을 존중해주고 자신도 본보기로 삼을 수 있다면 싫은 상대도 마주할 수 있게 된다. 그래야 불필요한 감정싸움 없이 서로에게 득이 될 수 있는 관계가 될 수 있다. 상대의 단점도 마찬가지다. 그 사람의 보기 좋지 않은 모습을 통해 저렇게 해서는 안 될 행동이라는 것을 생생하게 보고 느낄 수 있지 않은가. '나는 절대 저렇게 되지 말아야겠다.'라고 다짐하는 것도 소중한 깨달음이 될 수 있다.

모두가 기피하는 성향을 가진 C가 있었다. 그의 단점은 말이 너무 많은 것이었다. 그와 한번 마주치면 그의 이야기를 들어주느라 애를 먹어야 했다. C는 상대에게 심각한 피해를 주진 않았지만 사람들은 그와 만남을 피곤해했다. 말이 많아서 싫었던 것이 나중엔 C 자체가 싫어져버렸다. 그렇게 C는 모든 사람의 화살의 표적이 되었다. 그러나 중요한 것은 그런 화살의 표적이 사라지면 우리 중에 또 다른 한 사람이 표적이 된다는 것이다. 사회는 흥미롭게도 표적을 만들기를 좋아한다. 뉴스를 보면 늘 이슈가 되는 화제의 인물을 조명하는 것처럼 회사도 마찬가지다. C가 우리에게 날라올 모든 화살을 다 받아내고 있는 것이다. 어떤 이유를 만들어 표적을 만드는 것은 인간의 흥미의 요소를 찾기 위한 행동이거나 무리 생활에서 살아남기 위해 한 사람의 희생양을 만들어야 하는 본능인지도 모른다.

내가 소중하고 고귀한 존재이듯이 사람들은 모두 소중한 존재이다. 완벽한 인간이 존재하지 않듯이 우리는 허점이 많고 실수투성이일 수밖에 없다. 그래서 좀 더 나은 사람이 되기 위해 우리는 계속 노력한다. 나에게 없는 장점을 당신 옆에 있는 그 사람이 가지고 있을 수 있고, 옆 사람의 단점이 당신에게 좋은 깨달음이 될 수 있다. 모든 것에는 의미가 있다. 당신이 이 세상에 존재하는 이유가 분명히 있는 것처럼 모든 사람 또한 각자 가지고 있는 존재의 이유가 있다. 만약 지금 당신 옆의 그 사람이 싫고 짜증이 난다면 오늘부터 그 사람을 다른 시각으로 바라보자. 그 사람이 다르게 보이기 시작했다면 문제는 해결된 것이다.

3 장

내가 원하는 감정을
선택하는 8가지 기술

1

공감은 나를 지키는 강력한 무기다

힘들 때 누군가가 나의 마음을 알아주거나 이해해주었던 따뜻한 말 한

마디는 큰 위로가 되어줄 때도 있었지만 막연히 '힘내.'라고 건네는 무책

임한 말은 상처가 되기도 했다. 그래서 누군가에게 건네는 위로가 조심

스러워지기도 한다. 관계를 이어가기 위해서는 공감은 매우 중요하다.

오롯이 상대의 마음을 이해했을 때 서로의 관계를 끈끈하게 이어주기도

하고, 닫힌 마음을 열리게도 하지만 공감이 되지 않을 경우 상대와의 대

화는 알맹이 없는 껍데기일 뿐이다.

5살 아이의 육아와 살림을 하고 있는 A가 가족들에게 서운함을 통화로

하소연을 한 적이 있다.

"왜 이렇게 목소리가 우울해?"

"집안에서 나는 왕따가 된 느낌이야."

"무슨 소리야? 왕따라니?"

"남편이 집에 들어오면 나한테는 관심이 없어. 집에 들어오자마자 딸 아이하고만 놀고, 딸도 아빠만 좋아해."

그녀의 말은 그렇게 걱정스러운 내용으로 들리지가 않았다. 어디까지나 그녀의 넋두리 정도로 받아들였던 나는 웃으며 말했다.

"그래서 너 지금 질투하는 거야?"

"아니야. 진짜로 서운해. 둘이 노는 거 보면 나는 안중에도 없어."

"어떤 애는 남편이 집에 들어오면 애들 안 봐준다고 서운하다고 난리 인데, 넌 행복한 소리다."

그냥 화목한 가정에서의 푸념쯤으로 여긴 나는 그녀의 고민을 대수롭지 않게 여기고 있었다. 그리고 얼마 후 그녀와 한동안 연락이 되지 않았다. 몇 달이 지나서야 그녀와 다시 통화를 할 수 있었다.

"야! 너 어떻게 된 거야. 집을 한 달 이상 나갔었다고?"

"응. 남편하고 싸웠어. 그래서 친구 집에 가 있었어."

"아니, 얼마나 마음고생이 심했던 거야. 나한테 연락하지 그랬어. 전화도 안 받고……."

"그냥 아무하고도 연락하고 싶지 않았어."

만약 그때 그녀의 고민을 조금이라도 공감해주었다면 아마 그녀가 그렇게 방황하지 않았을 거라는 생각이 들었다. 사실 그녀의 상황을 몰랐던 것은 아니었다. 태어나서 어머니 없이 아버지와 단둘이 생활했던 그녀는 아버지를 알뜰살뜰 챙기는 효녀였다. 그런 아버지가 그녀의 결혼식을 3달 앞두고 폐암으로 돌아가신 것이다. 가족이란 남편과 딸뿐인 그녀가 느끼는 외로움은 다른 사람들과는 달랐을 것이다. 그런 사정을 누구보다 잘 알고 있는 내가 단순히 그녀의 외로움을 행복에 겨운 투정으로 받아들인 것에 대해 서운함을 느꼈을 테고 자신의 마음을 알아주는 사람이 없다는 생각에 더 큰 외로움을 느꼈을 것이다.

그녀를 제일 가깝게 여긴다고 생각하면서 정작 그녀가 처한 상황과 생각을 진정 어린 마음으로 제대로 이해하지 않았다. 그녀에게 남편과 딸이 아버지의 빈자리를 채워주고 있어서 괜찮을 것이라는 나의 생각으로 그녀의 행복을 내 멋대로 재단하고 있었던 나의 태도가 타인에게 의도하지 않은 상처를 줄 수 있다는 것을 그때는 알지 못했다. 서로의 생각을 이해하고 공감한다는 것은 어려운 일이기도 하다. 생각을 펼치다 보면 상대가 나의 뜻에 반하는 말을 해서 뜻하지 않게 논쟁을 펼칠 때가 있다. 아무리 긴 이야기를 나누어도 합의점을 차지 못할 땐 답답한 마음만큼이나 상대와의 마음의 거리도 생겨버린다.

어느 날 상대와 이야기를 하면서 뜻이 맞지 않아 서로 돌아선 적이 있었다. 시간이 지나서 상대에 대한 마음이 풀리던 찰나에 마침 그 친구에게 연락이 왔다.

"기분 좀 풀렸어?"

"풀게 뭐 있어. 생각이 달라서 그런 건데 뭐."

"근데 우리가 마음에 담아놓고 가다 보면 또 문제가 생기지 않을까?"

"덮어놓는 건 나도 원하지 않아. 근데 말을 하다 보면 기분까지 나빠지니까 문제지."

"사실 서로를 비판하려거나 부정하려는 건 아닌데, 서로의 생각을 다시 한 번 들어보는 쪽으로 이야기해보자."

우리는 처음과 이야기의 방식을 다르게 시작해보았다. 각자 주장만을 내세웠던 방법을 서로의 생각을 공감해주는 쪽으로 상대방의 의견에 다시 한 번 귀를 기울였다. 그리고 상대의 이야기에 긍정으로 호응해주었고, 상대 또한 나의 이야기에 동참해주면서 냉랭했던 분위기는 금세 사라졌다. 서로에 대한 공감은 어느 덧 마음의 장벽을 허물고 있었다.

누군가가 나를 알아주고 있다는 안정감은 세상에 든든한 지원자가 있어주는 것만큼 큰 힘이 되기도 한다. 아이가 울고 있을 때 엄마가 그 소리를 듣고 달려와 아이를 품에 안아주었을 때 아이는 그제야 안정감을 느끼고 울음을 멈춘다. 누군가 곁에 있어주는 존재만으로도 마음이 움직이듯이 사람들은 자신이 온전하게 사랑을 받고 있다는 안정감을 느끼고 싶어 한다.

공감은 상대의 마음을 읽을 수 있는 능력이 필요한 것도 아니고, 그 사람의 고민을 해결해주기 위한 상담사가 되어줄 필요도 없다. 단지 울고 있는 상대에게 울지 말라고 말하는 것보다 함께 울어주고, 그 사람의 이야기를 들어주며 진정으로 그 사람의 입장에서 그 마음을 함께 이해하고 공감하는 것이다. 그 사람의 마음을 이해하지 않고 겉으로만 위로하는 말은 진정한 위로가 아니며 상대의 마음을 헤아려줄 수가 없을 뿐더러 위로해주는 자신 스스로도 지칠 뿐이다.

상대가 아파할 때 무턱대고 마음만 앞서 어설픈 위로가 되지 않기 위해 사람들과의 관계에서 조금씩 나를 먼저 들여다보려고 한다. 상대를 공감해줄 수 있는 마음이 있는지 나부터 알아야 상대를 이해해줄 수 있기 때문이다. 공감은 상대에 대한 관심이다. 보이지 않는 상대의 마음에 닿을 때까지 하나씩 열어서 천천히 들여다보는 과정에서 너와 내가 서로 하나가 되어 함께 치유가 될 수 있는 존재가 되어주는 것이다.

언젠가 나를 이해해주는 것에 한없이 눈물이 흘렀던 그때의 기억처럼 나도 누군가에게 작은 위로가 되었으면 한다.

2

상대의 입장을 대입해보라

너와 내가 다르듯이 각자의 상황과 서로가 다른 사고방식으로 상대를 이해하지 못하는 문제를 겪게 된다. 그래서 내 기준으로 대하다 보면 상대에게 뜻하지 않게 실수를 저지를 수도 있다. 상대의 입장에서 생각해 본다는 것은 내가 그 사람이 될 수 없기 때문에 모든 것을 이해하기는 어렵다. 하지만 적어도 지금껏 살아온 경험은 어느 정도 그 사람의 입장을 이해하는 데 많은 도움이 된다.

회사에서 새로 들어온 신입사원을 보면 '나도 저런 시절이 있었지.'란 생각이 들곤 한다. 모든 게 낯설고 미숙하지만 의욕을 갖고 설렘으로 사회에 첫 발을 내딛던 그 순간이 떠올랐다. 보는 시각이 넓지 못했고 작은 문제에도 늘 긴장을 했던 그때의 나를 기억했다. 그 기억은 지금의 신입생을 너그러운 시선으로 바라볼 수 있게 만들었다. 그들이 겪을 시행착오와 고충을 미리 짐작할 수 있었고, 실수하는 부분이 생기기 전에 도움을 줄 수 있었다. 나에게 시작의 어려움이 없었다면 상대방의 입장을 전혀 헤아릴 수 없었을 것이다. 내가 갖고 있는 소중한 기억은 알지 못하는 타인을 통해서 투영이 되기도 한다. 그것은 상대의 삶을 의미 있게 바라볼 수 있는 눈을 만들어주었고, 그 사람의 마음까지 느낄 수 있게 만들었다.

우연히 길을 걷다가 초등학생으로 보이는 남자아이와 할아버지가 어디론가 걸어가는 것을 보았다. 딱 보아도 손자인 아이와 할아버지가 향한 곳은 노점상의 붕어빵을 파는 곳이었다. 남자아이는 빨리 먹고 싶다는 상기된 표정으로 할아버지를 재촉하듯 바라보고 있었고, 할아버지는 호주머니에서 꼬깃꼬깃한 천 원짜리 지폐를 꺼내어 붕어빵을 손자에게 사주었다. 나는 순간 살아 계셨을 당시의 나의 할아버지가 생각이 났다. 추운 겨울날 할아버지는 중절모를 쓰시고 지팡이를 짚고 손녀와 함께 먹겠다고 느린 발걸음으로 붕어빵을 사오신 적이 있다. 꽁꽁 얼은 차가운 손으로 뜨거운 붕어빵을 건네주셨던 할아버지 손길이 지금도 생생하다.

그 당시 붕어빵을 아무 생각 없이 먹었던 내가 야속했다. '저 아이처럼 할아버지랑 손잡고 다정하게 붕어빵을 사서 행복하게 먹을 수 있다면 얼마나 좋을까?' 나의 할아버지와 똑같은 중절모를 쓰시고 계신 그 할아버지가 순간 나의 할아버지인 듯 착각이 들어 반가운 마음으로 바라보고 있었다. 손주에 대한 사랑이 그대로 전해졌고, 그런 그들의 모습이 나의 시선과 발길을 붙잡고 있었다.

우리가 인생을 살아가는 모습은 비슷한 부분이 많다. 나의 경험이 곧 나의 주변 사람들의 경험이 되었던 순간은 언제나 그들의 입장이 되어 생각해볼 수 있게 만들어주었다. 그래서 나는 내가 겪은 모든 힘든 역경조차 감사하게 느껴진다. 가난하게 살았던 경험이 있었기 때문에 불우한 사람들의 생활을 헤아릴 수 있고, 힘든 경험으로 아픈 마음을 이해해줄 수 있는 마음의 폭을 얻었다. 좋은 것만 누리고 좋은 것만 경험했다면 지금 나의 삶이 소중한 것도 몰랐을 테고, 사람들에게 받았던 따뜻한 마음을 이해할 수 없었을 테니 말이다.

몇 해 전 직장에서 동료와 심하게 다툰 적이 있었다. 작은 오해로 시작된 다툼은 급기야 몸싸움으로까지 번졌다. 이제는 웃을 수 있는 이야기가 되었지만 그 당시에는 너무나 분하고 화가 나는 일이었다. 다행히 지금은 그 동료와 편하게 연락을 주고받는 사이다.

"잘 지내?"

"어머! 웬일이야. 너무 반갑다. 잘 지내고 있어?"

"응. 그냥 생각나서 연락했어. 그때 머리 잡혔을 때 머리는 괜찮아?"

"(웃음) 응. 다행이 온전하게 잘 있어. 머리 숱 많이 없어지지 않았어? 내가 좀 힘이 세잖아."

"(웃음) 난 좀 없어진 거 같긴 해. 지금 생각해보면 정말 웃긴 일이야. 그때는 싸우기도 많이 싸웠지만 제일 재미있게 일했었던 거 같아."

"응. 나도 사실 그때가 많이 그립다."

늘 부딪히고 아웅다웅하며 지냈던 동료였다. 허물없이 지내다 보니 어느 순간 배려가 사라지고 서로 상처를 주는 일이 잦았다. 결국 작은 사소한 일이 감정싸움으로까지 번지며 소중한 관계를 잃어버렸다. 그 당시에는 상대의 입장을 고려하지 않았다. 오히려 나는 객관적이고 옳은 판단을 하는 사람이고, 상대는 비상식적인 사람이라고 단정 지으며 마음을 닫고 있었다.

시간은 그때의 좋았던 추억만 남겨두었다. 그리고 뒤늦게 그 사람의 입장에서 객관적으로 생각해볼 수 있었다. 인정하기 싫었던 나의 마음과 태도도 보였다. 얼마든지 문제를 좋게 해결할 수 있었던 안타까운 일들이었다. 나는 옳고 상대는 틀렸다고 생각하던 것들이 지금 돌아보면 상대의 입장과 나의 입장에서 보면 모두 옳은 일이었다.

성인이 되어 부모님으로부터 독립을 하고 세상으로 한 걸음씩 내디딜 때 또 하나의 새로운 세상을 맞이하면서 아직 경험해보지 못한 일에 두려움과 걱정이 앞서기 마련이다. 우리도 이제 부모의 길로 들어섰을 때 '나는 과연 그 역할을 잘할 수 있을까?' 고민을 하게 된다.

"○○야, 임신 축하해."

"고마워. 엄마 되는 게 아직 실감은 안 나."

"네가 진짜 엄마가 된다니. 나도 네가 엄마가 되는 게 실감이 안 난다."

"걱정이야. 내 몸도 잘 못 챙기는데 아이를 과연 잘 키울 수 있을지 겁나. 요즘 부모들 애들 키우는 거 보면 정말 대단하던데, 나는 그렇게 못할 거 같아."

"부모가 되는 건 처음이라 그렇지. 넌 잘할 거야."

부모가 된다는 건 분명 어려운 일이다. 그렇지만 우리도 한때는 부모님의 사랑을 받고 자란 아이였다. 나도 언젠가 부모가 된다면 나의 어린 시절을 기억하며 아이들을 이해해주고 싶다. 지금 나의 입장과 아이의 입장이 다름을 이해하고 아이의 마음의 입장에 서서 바라볼 수 있다면 아무리 낯설고 익숙하지 않은 엄마여도 분명 좋은 엄마가 될 수 있다고 믿는다.

배려를 한다는 것은 상대의 입장에서 바라볼 수 있을 때 가능한 일일 것이다. 지난날 나의 입장에서만 바라보았지만 이제 나는 조금씩 상대의 마음을 들여다볼 수 있는 눈이 생겼다. 그동안의 수많은 경험으로 사람들과 살아가는 법을 배웠다.

그래서 나이가 들어갈수록 상대를 이해하기가 수월해지는지도 모르겠다. 나의 입장만 보는 시각과 상대에 입장에 들어가서 보는 것은 많은 차이가 있다. 상대 입장에서 보면 언제나 답은 쉽게 얻을 수 있다. 이해할 수 없는 것들이 이해가 되면 더 이상 속상하거나 슬퍼할 일도 없었다.

늘 나 자신이 기준이었다면 이제는 그 기준이 상황에 따라 달라질 수 있어야 한다. 나의 입장에서 지켜온 것들은 상대와의 소통을 단절시켜버리는 것이다. 서로가 함께 걸어갈 수 있을 때에 든든하고 힘이 나는 경험을 해본 적이 있다면 지금부터 자신을 상대의 입장에 대입해보자.

3

타인의 세상에서 빠져나와라

남의 눈을 의식하며 살았던 날이 많았다. "뭐가 제일 어울려?"옷을 살 때도 주변 사람들에게 묻고 남들이 골라준 옷이 예쁜 것이라 생각하고 입고 다녔다. 그러다 보면 정작 나의 개성은 없어지고 남들의 취향에 맞춰가며 살아가게 된다. 남들이 하는 말과 생각에 신경을 쓰다 보니 정작 나 자신을 잃어버리고 타인의 삶을 살아가는 나를 발견하게 된다.

상대를 처음 만났을 때 그 사람의 패션과 스타일, 태도에서부터 그 사람이 살고 있는 곳은 어디고 직업은 무엇인지 보게 된다. 그 사람의 내면을 알기 전까지 외적인 이미지만으로 평가를 할 수밖에 없다. 그래서 내면보다는 남들에게 겉으로 보여줄 수 있는 외적 이미지에 신경을 쓰게 된다. 남들에게 좋은 인상을 주기 위해서는 모두가 선호하는 조건이 되어야 한다. "이게 요즘 잘 나가는 물건이에요."라는 멘트는 진부하긴 해도 남들의 시선이 중요한 시점에는 상당히 끌리는 말이기도 하다. 그래서 그런지 국민가방, 국민신발이라며 '국민'이라는 용어가 붙을 정도로 인기 있는 아이템은 대부분 하나씩 소유하고 있을 정도다.

타인의 시선에 신경을 쓰다 보면 남들과 비교는 피할 길이 없어진다. 남들이 하는 것은 나도 할 수 있어야 하고, 남들이 가지고 있는 것도 가지고 있어야 한다. 그러다 보면 누군가가 좋은 물건을 갖고 있을 때 그것을 가질 수 없는 허탈함과 함께 자신이 뒤처져 있는 것 같은 우울함을 경험하게 한다. 나 역시 상대와 비교가 될 때 깊은 자괴감에 빠진 적이 있었다. 도저히 따라갈 수 없는 능력의 한계를 깨달을 때 삶이 허탈해진다.

어릴 때 나는 피아노를 갖고 싶어 했다. 그래서 나는 몇 날 며칠을 피아노를 사달라고 부모님께 떼를 쓰곤 했다. 그렇게 애써서 피아노를 갖게 되었는데 정작 그 피아노를 제대로 연주를 해본 적이 없다. 그때의 나는 피아노를 멋지게 연주를 하고 싶어서가 아닌 친구 집에 놓여 있는 멋진 피아노를 부러워했던 것 같다.

성인이 된 지금 내가 갖고 싶어진 것들이 원래부터 원했던 물건인지 아니면 동경의 대상이 가지고 있는 물건에 대한 환상을 갖고 싶었는지 생각해보게 된다. 내가 어릴 때 피아노를 갖고 싶어 했던 진짜 이유처럼 아직도 난 여전히 남들의 시선에서 머물러 있는 건 아닌지 말이다.

타인의 시선에서 벗어났을 때의 해방감의 경험은 이루 말할 수 없는 자유로움이었다. 처음 외국의 여행에서 그 자유로움을 느꼈을 때의 일이다.

사람들의 과감한 옷차림과 남을 의식하지 않고 개성이 넘치는 사람들로 가득한 그곳에서 나도 덩달아 편해질 수 있었다. '이거는 너무 튀지 않나?' '이렇게 입으면 뚱뚱해 보일 텐데.' 평소 이런 생각으로 제약을 걸어 두었는데 전혀 남을 의식하지 않고 마음껏 다닐 수 있다는 것이 너무 좋았다. 자신들의 몸매를 있는 그대로 사랑하고 자신을 자유롭게 표현하고 남의 시선과 상관없이 살아가는 그들에게서 불필요한 생각들이 나 스스로를 피곤하게 만들고 있다는 것을 깨달았다.

타인의 시선에서 해방된 나에게 나도 모르던 당당함이 있다는 것도 알게 되었다. 그동안 내가 가지고 있던 콤플렉스를 더는 감출 필요가 없었다. 그 자신감은 있는 그대로의 나를 드러낼 수 있게 했다.

타인의 시선을 의식하지 않는 그들의 표정은 모두 행복해 보였다. 나는 사람과 사람으로 서로 존중하고 해맑게 인사를 나눌 수 있는 그들의 순수함에 점점 매료되고 있었다.

외국에서 살다가 남편의 직장 문제로 잠시 한국에 머물게 된 동생이 집으로 놀러온 적이 있다. 그녀는 한국에 머물면서 주변에 아는 친구들이 별로 많지 않았다. 다행히도 모처럼 누군가와 이야기를 할 수 있는 것에 즐거워보였다.

나는 그녀가 한국에서 잘 적응하고 있는지 물었다.

"한국 생활은 어때? 좋아?"
"응. 좋은 점도 있고, 불편한 점도 있고."
"좋은 점은 뭐고 불편한 점은 뭐야?"
"좋은 점은 굳이 차를 타고 나갈 필요 없이 주변에서도 먹기가 편하게 되어 있다는 것. 밤늦게도 배달 서비스도 잘되어 있고."

"맞다. 진짜 최고지. 그럼 불편한 점은 뭐야?"

나는 좋은 점보다 불편한 점이 궁금했다.

"여기서는 집 앞에 슈퍼 나갈 때도 옷이 신경 쓰여."

"그래? 나는 신경 안 쓰고 나가는데. 그럴 필요 없어."

"아니야. 나도 지금껏 신경을 써본 적이 없는데 여기선 이상하게 신경
이 쓰여. 혹시 이거 입고 밖에 나갈 수 있어?"

그녀는 내가 집에서 입고 있는 수면 바지를 가리키며 물었다.

"아니. 이건 좀 그렇지."

나는 웃으며 말했다.

"내가 사는 곳은 솔직히 이걸 입고 밖에 돌아다녀도 사람들이 아무도
신경 안 쓰거든. 그래서 사람들도 자기가 입는 거에 신경 안 쓰고 편하게

돌아다녀. 근데 여기선 이런 걸 입고 밖에 다니면 사람들이 이상하게 쳐다볼걸. 여기 사람들은 하나같이 옷을 다 예쁘게 입고 다녀서 내가 신경이 쓰이나 봐. 모두 그렇게 하고 다니니까 나 혼자만 이상한 사람이 될거 같아서."

나는 그녀의 말에 공감했다. 지금껏 살아온 환경에 익숙해져 있어서 그것이 당연한 것이었고, 여태 불편하다고 느껴본 적이 없었다. 자유로운 스타일에 남들의 눈을 신경 쓰지 않았던 그녀에겐 왠지 모를 불편한 환경이었을 것이다. 타인의 시선을 의식하며 살아야 했던 어쩔 수 없는 상황들도 많았다. 그렇지 않으면 나만 동떨어진 사람이 될 것 같아서 그들과 비교하며 그 안에서 튀지 않으려 했고 스며들고 싶어 했다.

이제 더 이상 남들의 눈을 의식하며 살고 싶지 않다. 나부터가 타인에게 불편한 시선을 주지는 않았는지 돌아보면서 서로의 개성과 취향을 존중하는 내가 되기로 했다.

"내가 이걸 하면 남들이 어떻게 생각할까?"
"남들이 날 욕심이 많은 사람으로 보면 어떡하지?"

이런 생각들로 다른 사람들의 눈을 신경 쓰다가 자신에게 오는 기회를 잃어버리는 일이 종종 있다. 이제는 우리가 자신을 위해서 하고 싶은 대로 움직여야 한다. 내가 원하고 있는 타이밍에 맞춰서 오는 기회는 많지 않다. 그러니 자신이 하고 싶은 것이 있다면 타인을 의식하지 말고 지금 당장 시작하자. 그것이 타인에게 피해를 주지 않는 범위 내에서 자유를 누리는 것이라면 문제 없을 테니 말이다.

"왜 남의 눈치를 보죠? 남들이 뭐라 하든 자신이 좋으면 됐지. 남의 눈을 의식해서 사는 삶은 남의 인생을 사는 거죠."

누군가 내가 결정을 머뭇거리는 순간에 나에게 해준 말이었다. 나는 그분의 말처럼 내 삶의 주인이 되도록 지금도 계속 노력하고 있고 앞으로도 계속 노력할 것이다. 세상은 내가 중심이 되어야 한다. 내가 있어야 세상도 존재하기 때문이다.

4

실수와 실패를 두려워하지 마라

사람은 완벽하지 않다. 신이 아니기에 작은 돌부리에도 넘어지기도 하고, 아름다운 장미를 보다가도 가시에 찔려 피가 나기도 한다. 인간은 그렇게 실수투성일 수밖에 없다. 그러나 우리는 가끔 자신의 실수나 실패로 인해서 스스로를 자책하거나 움츠러들곤 한다. 그래서 실패가 두려워 다시 도전하기를 멈춰 서다 보면 결국 자신이 이룰 수 있는 꿈을 눈앞에서 놓치는 경우가 많다.

나도 원하지 않는 반복되는 실수에 나 스스로 자책할 때가 있었다. '왜 이렇게 밖에 못하지?' 정신을 바짝 차리지 못한 나를 타박하며 괴로워했다. 그러다 보니 중요한 본업에 집중하지 못하고 실수만 찾으며 강박증에 가깝게 일을 하고 있었다. 나 스스로에 대한 불만족이 커질수록 즐겁게 하던 일도 점점 지쳐가기 시작했고, 삶 전체가 불행해지고 있었다.

어느 날, 나와 같은 계통에서 일하는 친구에게서 연락이 왔다.

"난 이 일이 나랑 안 맞나봐."
"왜. 무슨 일 있었어?"
"꼼꼼하게 한다고 해도 놓치는 게 있을 때마다 짜증나. 나도 진짜 꼼꼼한 성격이라고 자부하고 있었거든? 나는 내가 다 챙길 수 있는 부분을 완벽하게 해놓고 일을 마무리했다고 생각했는데, 오너가 그 일에 대해 내가 챙겼던 그 이상을 묻는 거야. 그럼 나는 거기까지만 생각한 사람이 되어버려."
"그래서 많이 속상했겠구나."
"이제는 내가 실수를 많이 하는 사람 같고, 일도 제대로 못하는 사람처럼 느껴져."

그녀의 고민은 지금 나와 같은 너무도 똑같은 고민이었기에 충분히 그 친구의 마음을 이해할 수가 있었다. 같은 일을 반복하면서도 매번 같은 실수와 같은 질책이 일어나는 안타까움이었다.

하지만 실수를 반복한다고 스스로를 자책할수록 자신에게 아무 도움이 되지 않았다. 실수를 잊지 말아야겠지만 실수를 했던 기분을 끌고 가지는 말자고, 실수를 통해 계속 나를 훈련시키면서 다져나가면 되는 것이라고 서로를 다독였다. 우리에게 필요한 건 잠시 멈추어서 마음을 가다듬고 나에게 문제가 무엇인지 시간을 주고 새로운 마음으로 다시 시작하는 것이다.

나는 현재 마음을 다시 가다듬을 시간을 주고 있다. 그 시간 속에서 나 자신을 타박했던 마음을 내려놓고, 나 자신을 귀하게 여길 수 있는 마음이 생길 수 있도록 돌아보고 있다. 나도 친구가 더 이상 자신을 자책하지 않기 바란다. 실수와 실패보다 더 문제가 되는 건 잘못을 인정하지 않고 그것에 대해 합리화하는 것이다. 그러나 우리가 이렇게 힘들어하는 이유는 더 나은 자신을 만들기 위한 아픔이기에 우리는 지금의 과정도 더 나은 내일을 위한 일이라고 말해주고 싶다.

시골길에서 자전거를 타야 했을 때 처음엔 울퉁불퉁한 길에서 타기가 어려웠다. 움푹 패인 곳에 자전거 바퀴가 빠지다 보면 중심을 잃거나 넘어졌다. 그런데 몇 날 며칠을 계속 자전거를 타다 보니 어느 순간 나는 울퉁불퉁한 길도 제법 잘 달리고 있었다. 오히려 평탄한 길보다 재미있게 느껴지기도 했다. 어쩌면 인생도 비포장도로처럼 시련을 계속 겪다 보면 위기를 극복할 수 있는 단단한 마음이 생길 것이다. 그렇게 포기하지 않고 인생을 도전할 수 있을 때 성공을 이루는 것처럼 말이다. 만약 누군가가 잘 깎아놓은 반듯한 도로 위로 막힘없이 달리기만 했다면 비포장도로를 만났을 때 나아갈 방법을 몰랐을 것이다.

실패가 두려워 망설이는 날들이 많았다. 자기 자신에 대한 자신감을 잃었을 때는 실패란 단어는 가깝게 느껴진다. 그래서 늘 안정적인 삶을 사는 쪽으로 방법을 찾다 보면 언제나 내 삶은 그 자리에 머무르는 것에 만족해야 했다. 그러나 이젠 실패를 두려워하지 않기로 했다. 실패를 모르고 성공한 사람은 없지 않은가. 그래서 오히려 실패를 맛보고 싶은 마음까지 들기도 했다. 그 뒤로는 실패가 두렵진 않았다. 덕분에 하고 싶은 일이 생기면 망설임 없이 도전할 수 있게 됐다.

그전에 제일 먼저 나에 대한 도전이 필요했다. 나의 최대의 단점은 끈기가 부족한 것이었다. 늘 작심삼일처럼 오래가지 못한 탓에 계획을 세우면 실패로 돌아가는 경우가 많았다. 아무리 좋은 계획도 실천을 하지 않으면 아무런 의미가 없었다. 그래서 무언가를 도전하기에 앞서 나에겐 끈기가 필요했다. 하루는 누군가 "넌 뭘 그렇게 계속하고 있어?"라고 말한 적이 있다. 그렇게 나의 부족한 부분을 끌어올리려고 부단히 노력했다. 나 자신을 의지대로 끌고 갈 수 없다면 앞으로 세상에 대한 도전도 중간에 포기할 수 있는 나였기 때문이다.

"어떤 내용에 대해 반복적으로 말하면, 우리의 뇌는 그것을 이루기 위해 우리가 의식하지 못하는 가운데 자동 실행 장치를 켠다. 그래서 '나는 행운아야,' 하고 입버릇처럼 말하는 사람에겐 주로 좋은 일들이 일어난다."

남경흥의 『허공의 놀라운 비밀』이란 책에서는 말이 현실이 된다고 이야기한다. 그만큼 긍정의 힘이 중요하다는 것을 말해주고 있다. 우리가 겪는 실패 속에서도 긍정의 마음과 끈기가 있다면 험난한 길도 헤쳐 나갈 수 있는 힘이 생긴다. '난 최고야.', '난 해 낼 수 있어.' 이런 자신감은 잠재의식 속에서 강한 사람이 되어 실제로 나의 능력을 생각하는 대로 끌어올리기도 한다. 긍정이 주는 힘은 생각보다 나를 강하게 만들어주었다. 나 자신에게 원하는 것이 있다면 주문을 걸듯이 나에게 바라는 것을 이야기하고 그것을 믿고 실행하는 것이다. 이처럼 모든 것은 마음에서 비롯된다. 내가 할 수 없다고 포기하는 순간 모든 것은 멈춰버리게 되어 있다. 그래서 더 이상 실패에도 두렵지 않은 용기가 생겼다.

실수와 실패에 더 이상 두려워할 필요가 없다. 실패의 경험은 당신이 왜 실패를 하게 되었는지 교훈을 주고, 더 완벽해질 수 있도록 당신에게 기회를 준다. 우리가 인생에서 겪은 시행착오로 인해 더 많은 깨달음을 얻고 성숙한 사람이 될 수 있었듯이 실패는 더 나은 성공으로 우리를 인도해줄 것이다.

우리는 보이는 것만 믿으려 하고 보이지 않는 것에는 의심을 하며 불안해한다. 지금 우리에게 당장 보이지 않는 미래를 바라보는 것처럼 막연한 걱정을 하다 보면 스스로 포기해버리기도 한다. 그래서 나는 끝을 보며 막연한 불안감으로 걸어가지 않으려고 한다. 조금씩 나의 길을 걸어가면서 단계를 밟아 가다 보면 조금씩 성장해 있는 나를 보게 될 거란 긍정의 믿음이 있기 때문에 더 이상 두렵지 않다.

거듭되는 실수를 반복하고 실패를 하는 건 당연한 일이다. 다만 우리가 명심해야 할 것은 실수와 실패를 외면해서는 안 된다는 것이다. 지금 겪고 있는 시련들은 당신을 더욱 단단하게 만들어 원하는 자리에 오를 수 있는 능력을 갖추도록 도와주는 과정일 뿐이다.

5

호의는 때로 자신에게 독이 된다

상대에게 아무런 대가 없이 좋은 마음으로 선의를 베풀 때는 나와 주변 사람들의 마음까지도 따뜻하게 한다. 각박한 삶 속에서 작은 배려 하나에 감동을 느끼다 보면 베푸는 것은 좋은 것이라고 믿으며 나 역시 그렇게 살기 위해 노력한다. 그러나 그런 좋은 의도로 베풀었던 호의가 독이 되어 돌아와서 지금까지 옳은 일이라 여겼던 마음이 혼란스러울 때가 있다.

회사에서 업무 관리에 필요한 물품 관리와 회계, 시스템 관리를 전반적으로 하는 지원팀의 A사원이 있다. 그가 없으면 회사가 돌아가지 않을 정도로 사람들은 그가 많이 필요했다.

"○○주임님, 지금 컴퓨터가 안 되는데 좀 봐줄래요?"

"네, 제가 10분 있다가 내려갈게요."

"○○주임님, 탕비실에 싱크대가 물이 안 빠져서 막힌 거 같아요."

"아⋯. 제가 지금 외부에 나와 있어서 들어가는 대로 봐드릴게요."

"○○주임님, 대기실 천장에 조명 하나가 나갔어요."

"네, 곧 가겠습니다."

그는 한 번도 찌푸리는 일이 없었다. 궂은일에도 항상 밝은 표정으로 열심히 하는 그를 모두 칭찬했다. 어느 날, A의 표정이 어두워 보였다.

"표정이 안 좋아 보여. 무슨 일 있어요?"

언제나 밝았던 그가 힘이 없어 보여 물었지만 선뜻 말하기를 꺼리는 것 같았다. 그는 조심스럽게 이야기를 꺼냈다.

"내가 왜 이런 일까지 해야 하는지 모르겠어요."

"왜? 무슨 일인데요."

"몸이 아프다고 약을 사달라는데, 제가 이런 일까지 해야 하나요?"

그는 모든 부서 사람들에게 필요할 때마다 달려와주는 듬직한 존재였다. 그는 만능으로 통했다. 컴퓨터 수리부터 회사의 살림까지 폭넓게 맡고 있는 그였기에 그의 손을 안 거치는 곳이 없을 정도였다. 그는 늘 기분 좋게 달려와주었고 모든 문제를 빠르게 해결해주었다. 그러다 보니 사람들은 그를 편하게 생각했고 점점 작은 것에도 의지하기 시작했다. 그렇게 그는 허물없는 가족 같은 사람이었다. 하지만 그것이 어느 순간 그에게 독이 되어버렸다.

그도 회사에 들어올 땐 열정이 가득했을 것이다. 자기가 맡은 일에 최선을 다했고 회사에 필요한 존재가 되기 위해 지금껏 어떠한 일도 마다하지 않고 열심히 달렸다. 사람들에게 자신이 도움이 될 수 있다는 것에 기쁨을 느꼈던 그가 자신이 하고 있는 일에 회의를 느끼고 있는 지금 그는 지쳐 보이고 너무도 외로워 보였다. 나는 그가 오기 전 그의 자리에서 또 다른 직원이 있었던 때를 기억한다. 그 직원도 지금의 A처럼 너무나 밝고 열정이 가득했던 사람이었다. 그렇지만 그도 어느 순간 낯빛이 어두워지고 상냥함은 사라지고 점점 차갑게 변해 있었다. 그러다가 결국 그는 그만두었고 지금 그 자리에 있는 A가 또다시 힘들어 하고 있다. 회사의 동료들은 사적인 만남으로 이루어진 관계이다. 하지만 하루 중 가족보다 더 오랜 시간을 함께 보내는 그들과 사무적으로만 대하는 것은 너무나 불행한 일이다. 서로 돕고 배려하며 친밀감을 형성해갈 때 일의 능률도 최대치로 끌어올릴 수 있다. 하지만 그 친밀감으로 서로 지켜야 할 경계를 알게 모르게 넘어버리는 실수를 저지를 때 문제가 발생하게 된다.

누군가에게 호의를 베푼다는 것은 대가를 바라거나 생색을 내기 위한 것은 아니다. 단지 누군가가 도움을 필요로 할 때 도와주고 싶은 좋은 마음이다. 나 역시도 어려운 일이 있었을 때 상대의 도움으로 이겨냈던 경험이 있었다. 함께 사는 세상에서 서로 도우며 살아가는 것은 분명 기분 좋은 일이다. 하지만 상대에게 호의를 베풀었던 마음이 어느 순간 의무로 변하게 되면 더 이상 호의가 아니게 된다. 상대는 당신은 친절하고 좋은 사람, 원래 그런 성향의 사람이라고 생각하고 당신이 호의를 베푸는 것을 당연하게 받아들이고 계속 기대하게 되는 것이다.

당신의 호의는 당연한 것이 아니다. 당신이 상대에게 들이는 시간과 수고의 가치를 가볍게 여겨서는 안 된다. 당신이 호의를 베풀고 있는 마음이 기쁘고 행복해야만 가치가 있는 것이다. 상대방이 그런 가치를 가

녑게 여긴다거나 당신의 마음이 불편하다면 호의를 멈춰야 한다.

자신의 호의가 호구로 전락하지 않기 위해서 3가지를 기억하자.

첫째, 자신의 입장에 먼저 서 있어라

둘째, 질문을 해라

셋째, 상대의 유형을 파악해라

첫째, 자신의 입장에 서 있는 것은 자신을 먼저 보호하는 일이다. 남들에게 배려만 해주다 보면 자신은 어쩔 수 없이 손해를 보게 된다. 이익을 따져가며 계산적으로 살아가라는 것은 아니다. 적어도 당신의 것을 잃어버려서는 안 된다는 의미다. 일방적인 손해는 자신을 불행하게 만든다. 자신이 바로 서 있어야 타인에게도 건강한 선행을 베풀 수 있다는 것을 잊지 마라.

둘째, 질문을 해라. 상대가 자신에게 무언가를 요구했다면 무조건 승낙하기보다 그 일이 왜 자신이 들어줘야 하는지 당신이 이해할 수 있어야 한다. 그러기 위해서는 일방적인 제안이 아닌 서로가 상의하고 소통을 한 후에 이루어져야 하는 것이다. 만약 당신이 납득이 되지 않는 요구라면 단호하게 제안을 거절할 수 있어야 한다.

셋째, 상대의 유형을 파악해라. 호의는 대가를 바라고 하는 것은 아니지만 관계에서 일방적인 기브(give)만 하고 있다면 그 사람을 멀리하는 것이 좋다. 그 사람은 분명 당신의 선량함을 이용하려는 사람일 확률이 매우 높다. 관계는 기브 앤 테이크(give and take)가 이루어져야 한다. 그건 동료, 친구, 애인도 마찬가지다. 한쪽에서 주어야만 하는 관계는 없다. 직장의 갑을 관계에서도 당신이 최고의 능력을 발휘하여 성과를 내어주고 그에 합당한 보수를 받고 있지 않은가. 당신에게 좋은 영향을 주고 호의를 베풀어도 전혀 아깝지 않은 사람에게 마음을 쏟아라.

호의는 누군가에게 사랑을 나눠주는 것. 내가 상대에게 아무런 대가 없이 온전히 순수한 마음으로 도움을 주고 상대는 그 마음에 고마움과 사랑을 느끼는 것이다. 당신이 베풀고 있는 호의가 행복한지, 아니면 뭔가 불편하고 씁쓸한 감정이 드는지 살펴봐야 한다. 나 스스로가 온전히 상대를 위해 베푸는 것이 어느 순간 의무로 퇴색되어 자신이 상대에게 준 마음이 당연한 것이 되어버린 것은 아닌지 말이다.

서로에게 베푸는 정은 살맛나는 세상을 만들어간다. 그러나 상대에게 호의를 계속 베푸는 것이 때로는 자신에게 독이 될 수도 있다는 것을 잊어서는 안 된다.

6

이해받기보다 이해해주라

'왜 저렇게 생각을 하지?'

가끔 상대를 이해를 못 할 때가 있다. 하지만 상대도 나를 이해 못 하기는 마찬가지다. 모두가 다른 환경에서 살아온 우리이기에 서로의 생각을 이해한다는 건 쉬운 일이 아니다.

어느 날, 아는 동생이 아이 문제로 남편과 작은 다툼으로 나에게 고민을 털어놨던 이야기다. 귀여운 4살 아이의 모습을 동영상으로 남기기 위해 엄마는 아이가 놀이터에서 노는 모습을 찍고 있었다. 아이는 자신보다 3~4살 많은 형, 누나들을 따라서 미끄럼틀 계단을 하나씩 밟아 올라간다. 드디어 아이 차례에 엄마는 미끄럼틀 밑에서 아이를 찍기 위해 기다리고 있다. 아이는 막상 내려오는 것이 두려웠는지 겁에 질려 있는 모습이었다. 그 모습마저도 귀여움이었던 엄마는 아이에게 계속해서 응원을 하며 내려오라고 다독인다.

"괜찮아. 내려와. 안 무서워."

아이는 엄마의 말에 힘을 얻고 내려오기 위해 조금씩 미끄럼틀 앞으로 다가간다. 앞으로 내려오는 것이 무서웠는지 아이는 뒤로 돌아서 내려오려는 듯 엎드린 자세를 취한다. 그 모습이 너무 귀여웠던 엄마는 웃으며 아이를 위해 계속 응원을 해준다.

드디어 아이는 약간 굳은 표정으로 엎드린 자세로 쭉 미끄러져 내려온다. "우와. 잘했어요." 아이의 미끄럼틀 타기 성공한 모습과 엄마의 응원으로 동영상은 끝이 난다. 문제는 그 동영상의 내용으로 시작되었다.

"동영상 보고 남편이 화를 냈어요."
"미끄럼틀이 위험해 보였나?"

"어린아이가 미끄럼틀을 타는데 옆에서 잡아주지 않고 밑에서 엄마라는 사람이 웃으면서 동영상을 찍고 있었다고 저한테 뭐라고 하는 거예요. 그러다가 아이가 떨어져서 다쳤으면 어쩔 뻔했냐고요. 내가 위험한지 아닌지 구분 못 하고 찍은 것도 아닌데, 너무 지나친 거 아니에요?"

그녀는 자신을 생각이 짧고 경솔한 행동을 한 엄마로 몰아간 것에 대한 불만과 남편이 너무 아이를 과잉보호하는 게 아니냐고 나에게 하소연을 했다. 나는 그녀의 말이 공감도 되었다. 동영상에는 약간 긴장을 하면서 미끄럼틀을 타고 내려오는 아이의 귀여웠던 모습 외에는 위험한 모습이 보이질 않았다. 그러나 한편으로는 남편의 입장도 이해 못 할 것도 아니었다. 아직 미숙한 아이라 뒤에 있는 아이와 부딪혀서 위에서 넘어지는 사고가 있을 수도 있고, 아이가 발을 헛디뎌서 중심을 잃고 자칫 사고가 날 수 있다는 상상은 충분히 해볼 수도 있는 일이었다. 아빠의 마음은 아이의 노는 모습보다 일어날 수 있는 사고에 대해 걱정이 앞섰을 것이다. 현장에서 직접 보는 상황과 영상으로 보면서 많은 것을 상상해볼 수 있는 상황은 차이가 있다.

서로의 입장에서 생각해보면 충분히 모두 이해가 가는 상황이다. 그렇기 때문에 자신의 입장에서만 생각을 하다 보면 상대에 대한 행동은 이해가 가지 않는다. '네가 옳다, 내가 옳다.' 하는 싸움은 어디서나 존재한다. 아무리 가깝게 지내는 사이라도 각자 문제에 대해 생각이나 해결하는 방식의 차이로 언쟁을 벌이는 일은 비일비재하게 일어날 수밖에 없다.

"너는 언제나 네 기분만 생각해. 상대가 기분이 어떨지 조금도 생각을 안 해."

"나는 내 기분만 생각하는 게 아니야. 지금 내 상황을 이해해 달라는 거지. 배려가 없는 건 너 아니야?"

"우린 생각이 서로 너무 안 맞는 것 같다."

관심 있는 상대이거나 좋아하는 연인에게는 필요한 것이 무엇이고 어떤 걸 좋아하고, 무엇을 생각하는지 머릿속까지 궁금해진다. 그러다 보면 서로 공감하는 것이 많아지고 모든 것이 잘 통하는 진정한 소울메이트를 만난 것처럼 상대의 대부분을 이해할 수 있게 된다. 하지만 시간이 지나면 서로의 관심은 조금씩 사라지고 생각이나 마음이 어떤지 알 수가 없다. 그러다가 문제에 봉착하면 그땐 서로가 너무 맞지 않은 사이가 되어버린다.

 누군가로부터 이해를 받는다는 것은, 지금껏 해온 일들에 대해 조금이라도 인정을 받고 있다는 생각은 분명 살아가는 데 힘이 된다. 그렇지만 상대가 당신에게 '넌 틀렸어. 그게 아니야. 왜 그런 거야?'라고 말한다면 그 순간에는 상대에 대한 원망과 서운함이 먼저 앞선다. 그러다 보면 세상에 내 편은 아무도 없는 것 같이 슬프고 더 외롭게 느껴진다. 그렇게 자신의 감정에 빠져들다 보면 곁에 있는 상대방의 이야기는 더 이상 들리지 않고 자신의 상처에 집중해버린다. 그 일은 서로의 마음의 거리를 점점 멀어지게 할 뿐이다.

 가끔 싸움 없이 지내는 부부를 보면 '어떻게 저렇게 가능할까?', '정말 대단하다. 정말 저들은 싸우지 않는단 말이야?'라는 생각과 함께 믿을 수 없다며 부러운 시선으로 바라보게 된다. 언젠가 연예계 대표 잉꼬부부가 방송에서 부부 싸움을 한 번도 하지 않은 비결에 대해 말한 적이 있다.

 "첫째는 먼저 서로 대접을 해주는 것이고, 둘째는 서로의 장점을 보려 하는 것, 셋째는 오늘을 마지막이라고 생각하는 것이다."

그의 말처럼 서로가 행복해지기 위해 필요한 것은 상대를 먼저 바라볼 수 있는 마음이다. 지금껏 다르게 살아온 우리가 오랫동안 함께할 수 있는 비결일 것이다.

언제나 이해해주던 사람이 어느 순간 이해하려 하지 않는다면 사랑은 끝난 것이라 여긴다. 그가 더 이상 이해를 하지 않는다는 건 어쩌면 그도 당신을 이해만 해주느라 지쳤을지도 모른다. 이제부터라도 상대에게 나는 그동안 얼마만큼 이해를 해주고 있었는지 곰곰이 생각해보아야 한다. 상대도 누군가에게 이해를 받고 싶은 사람이다. 자신의 이기적인 마음에서 벗어나 상대의 마음도 들여다볼 수 있다면 꺼져가는 마음의 불씨도 다시 살아날 수 있게 될 것이다. 사랑의 유효기간은 3년이라는 말처럼 사랑이 영원하지 않을 수도 있다. 그러나 이해와 존중, 친밀감과 믿음이라는 감정은 사랑을 지속시키는 호르몬의 도파민이 사라진다고 해도 끊어지지 않는 단단한 연결고리가 될 것이다.

"중요한 것은 사랑을 받은 것이 아니라 사랑을 하는 것이었다."

영국의 소설가 윌리엄 세머셋 모옴의 말이다. 사랑은 주었을 때가 가장 아름답다. 사랑하는 사람의 결점까지 사랑으로 감싸줄 수 있을 때 이해는 시작된다. 지금 소중한 당신 곁에 있는 그 사람에게 온전히 사랑을 주자. 그동안 이해를 바라던 나에게 상대에게 돌려줄 수 있는 마음이 필요하다.

7

나쁜 감정을 과소비하여 기분을 망치지 마라

생각을 하다 보면 좋은 생각을 하다가도 이내 나쁜 생각으로 잘못 흘러가기도 한다. 머리로는 내가 원하는 좋은 감정을 선택하지만 마음은 나의 머리를 따라가지 못한다. 마치 안 좋은 생각들이 자석이라도 붙은 것처럼 나의 머릿속에 들어와 나쁜 감정들을 소비하다 보면 그날의 좋았던 기분을 망쳐버리기 일쑤였다. 굳이 필요 없는 생각들로 상처받았던 과거들을 떠올리기도 하고, 앞으로 아직 일어나지 않은 막연한 걱정을 반복하다 보면 현재 나의 삶이 문제로 되어버리는 일도 많았다.

"언니, 무슨 고민 있어? 표정이 어두워 보여."

예전에 함께 일했던 동생이 오랜만에 만나 나의 표정을 보고 한 말이었다. 나는 어느 날부터 잠이 잘 오지 않았다. 새벽 4시가 다 되어서야 잠이 들면 3시간밖에 잠을 이루지 못하고 출근을 해야 했다. 피곤이 쌓였던 것인지 몸은 물론이고 마음까지 지쳐갔다. 내 머릿속은 항상 복잡했다. 뚜렷한 어떤 문제가 있었던 건 아니다. 다만 행복하지 않다고 여겼던 나의 마음이 문제였다. 그렇게 시작한 생각의 출발은 점점 더 좋지 않은 생각들이 꼬리에 꼬리를 물었다. '앞으로 어떻게 살게 될까?', '왜 이렇게 밖에 못하고 있지?', '나는 실패한 걸까?' 결국 나는 불행한 사람이 되어 있었다. 삶에 대한 두려움은 날 불안하게 만들었다. 그런 마음이 나의 표정으로 드러나고 있었던 것이다.

"무엇이 문제인지 모르겠어. 그냥 모든 상황을 벗어나고 싶고, 다 귀찮게 느껴져."

"언니도 그렇구나. 나는 직장도 그렇고, 얼마 전에 아버지가 다치시는 바람에 신경 써야 할 것들이 너무 많아."

동생은 옮겼던 직장에서 관계로 인해 스트레스를 받고 있었다. 거기에다 아버지의 갑작스러운 사고로 집안의 생계를 책임져야 했던 상황 속에서 많이 힘들어하고 있었다. 어느 순간 가장이 아닌 가장의 역할을 해야 하는 그녀의 삶의 무게와 달리 그녀는 의외로 밝고 씩씩해 보였다.

"지금도 독서모임 나가?"
독서모임을 가질 정도로 그녀는 책 읽는 것을 좋아했다.

"요즘은 주말에도 아버지 병원에 모시고 다녀와야 돼서 시간이 없어서 못 나가. 그냥 틈틈이 책만 읽고 있어."

어쩌면 그녀가 힘든 상황에서도 이렇게 밝은 모습일 수 있는 건 독서로 자신의 상황에 갇혀 있지 않고 다른 이들의 생각을 바라보면서 긍정을 얻을 수 있기 때문이었는지 모른다. 나도 책을 읽으면서 그 이야기 속에 빠져들었을 때가 많았다. 그 속에서 생각할 수 있는 시간들이 좋았고 무엇보다 불필요한 잡념도 사라지고 마음이 긍정으로 변해가는 게 느껴졌다. 그 당시에 힘들었던 시기도 독서로 이겨냈었던 기억이 있다. 그러다 책을 잠시 놓은 이후로 독서는 나와 멀어지게 되었고 나의 의식은 점점 좁아지고 있었다. 밝은 그녀를 보며 나의 생각의 패턴이 잘못되었다는 것을 느꼈다.

부정적인 감정은 나도 모르게 습관처럼 되어 있었다. 케이크를 사와서 먹으려고 포장을 열어보니 한쪽 끄트머리가 뭉개져 있을 때 포장을 하면서 점원이 실수한 건 아닌지, 아니면 내가 가지고 오면서 흔들었던 것인지를 생각하면서 짜증이 나는 일이나, 아침에 날씨가 흐린 거 같아 우산을 가지고 갈까 말까 고민을 하다가 일기 예보에 비 온다는 소식이 없다는 말에 우산을 두고 나왔다가 퇴근시간에 비가 내려 정확하지 않은 일기 예보를 탓했던 일, 비 오는 날 길을 걷고 있는데 내 옆으로 차가 지나가면서 물이 튀어 옷이 흠뻑 젖어 운전자를 원망했던 일, 하필이면 그 절묘한 타이밍에 웅덩이가 있었다고 운을 탓했던 일 등. 이렇듯 사소한 문제로 부정적인 마음을 오랫동안 끌고 가면서 기분을 망쳤던 일은 수도 없이 많았다. 이런 생각의 패턴이 나의 일상을, 삶 전체를 불만으로 가득 채우고 있었다.

상황에 쉽게 동요되지 않고 자신의 기분을 잘 다룰 수 있는 방법은 무엇일까? 친구가 어느 날 이사를 가게 되었다고 소식을 전해 온 일이다.

"이사 갔다고? 근데 이사 간 지 얼마 안 된 거 같은데?"
"응. 사정이 안 좋아서 집을 팔고 월세로 이사했어."

"그렇구나. 전혀 내색을 안 해서 몰랐어."

"걱정한다고 해서 되는 것도 아니고 내 기분만 상하지. 어쩔 수 없잖아. 그냥 받아들이기로 했어. 돈이 지금보다 더 많아진다고 해서 내 삶이 더 달라지는 것도 아니고. 형편에 맞게 집을 줄여서 필요한 차를 뽑으려고. 지금 차를 알아보는 중이야."

그녀는 언제나 그랬다. 자신이 겪고 있는 어려움이나 억울한 일을 당해도 크게 낙심을 하거나 비관했던 적이 단 한 번도 없었다. 그저 속상한 일이 있었다며 술 한잔으로 풀면 그뿐이었다. 그렇게 자신에게 온 상황을 쿨하게 받아들이고 속상한 마음을 훌훌 털어버릴 수 있는 그녀가 부러웠다. 기분 좋지 않은 감정을 계속 갖고 있는 게 소용없는 일이긴 하지만 쉽게 긍정적인 사고로 전환할 수 있는 게 아니기 때문이다.

생각의 선택이 삶의 행복을 좌우한다는 것을 친구를 보며 알게 됐다. 내가 불행하다고 여기면 불행해지고 반대로 행복하다고 여기면 행복한 것이라는 말처럼 그녀가 행복을 선택한 이상 어떤 상황도 늘 행복할 수밖에 없는 것이다. 집을 월세로 이사한 건 크게 우울할 일이 아니라고 말하는 그녀의 행복한 모습을 통해 내가 가지고 있는 행복의 기준이 편견이었고, 그 편견이 나의 족쇄가 되었던 것을 그동안 미처 알지 못했다.

굳어진 생각들로는 넓은 세상을 이해하지 못한다. 막힌 길이 있으면 돌아가는 법이 있듯이 생각의 유연함이 있었다면 지금 바라보고 있는 것이 아니더라도 그게 전부가 아님을 알게 될 테니까 말이다. 자신을 사랑하는 사람들은 자신의 감정을 힘들게 하지 않는다. 자신의 상황을 있는 그대로 받아들이고 앞으로 나아갈 길을 바라볼 수 있는 용기는 슬픔에서 빨리 빠져나오게 한다.

나는 이제 더 이상 나만의 세계에 빠져서 나쁜 감정을 끌어오지 않는다. 그동안의 나는 작은 불씨가 큰 불로 번지듯이 일상에서의 작은 일에도 늘 불만으로 하루의 기분을 나 스스로 망쳐놓고 있었다. 뭉개진 케이크는 어차피 나의 배 속으로 들어가서 사라지는 것이고, 갑자기 예상 못한 비가 오면 그 덕에 우산 하나 더 장만하면 되고, 빗길에 옷이 젖었다면 차가 다니는 도로는 좀 멀리 걸어야 한다는 것을 배운 것이다.

살아가면서 자신을 성찰하며 많은 생각을 하게 된다. 그렇게 과오나 실수는 스스로 반성도 하고 더 나은 나로 성장할 수 있게 하지만 때로는 자신의 삶을 냉철하게 바라보지 못하고 자괴감에 빠져나오지 못해서 아까운 시간을 허비하기도 한다. 인생은 길다면 길 수도 있지만 짧다면 짧을 수 있다. 그러므로 작은 일에 사로잡혀 정작 지금 우리에게 필요한 생각을 놓치는 일은 없어야 할 것이다.

8

자신의 감정에 좀 더 솔직해라

가끔 자신의 감정에 솔직한 사람들이 예의가 없어 보이거나 상대의 기분을 전혀 고려하지 않는 사람처럼 보일 때가 있다. 하지만 그들의 솔직함으로 남들이 나서서 하지 못하는 일을 대신하기도 한다. 불편한 상황이 싫어서 피하는 사람보다 훨씬 그들은 정의에 불타오르는 사람인 경우가 많다. 내가 그렇게 할 수 없음에 대한 부러움이나 시기와 질투가 솔직한 사람들은 예의가 없는 것이라고 치부해버린 건 아닐까?

우리 사회는 자신의 강한 주장을 펼치는 사람보다는 주변 사람과 트러블 없이 화합을 하며 팀워크를 이룰 수 있는 사람을 원한다. 상대의 제안에는 'NO'라고 말하는 사람보다 언제나 'YES'라고 외치는 사람을 향해

"저 사람은 착한 사람이야."라고 말을 한다. 그렇다 보니 자신을 드러내지 않는 것이 옳은 일이라고 여긴다. 화합이라는 말로 남들의 기분이 자신보다 더 중요해지고 남들의 생각이 두려워 자신의 마음과 상관없이 트러블을 겪지 않으려 회피하다 보면 어느새 인간관계에서도 지치고 자신 스스로에게도 지치게 된다.

그래서 착하다는 말을 듣는 것이 이제는 더 이상 달갑지 않게 되었다. 자신의 감정을 숨기고 남들에게 자칫 이용을 당할 수도 있는 호구가 되고 싶은 사람은 없을 테니까 말이다.

사실 착한 것은 좋은 것이다. 우리 사회가 빛이 날 수 있는 건 남을 배려하는 착한 사람들이 있기 때문이다. 그러나 그런 착한 사람을 이용해서 자신의 실속을 챙기는 이기적인 사람이 어디서든 존재한다는 것을 알아야 한다. 자신의 감정을 그동안 숨겨왔다면 이제는 남들이 자신을 이용하지 않도록 자신을 지킬 수 있는 능력을 키워야 한다는 것이다.

상대에게 상처를 주기도 싫고 나 자신도 놓치고 싶지 않은 마음 사이에서 우리는 늘 고민한다. 하지만 상대를 배려했던 행동이 상대를 위한 일인지 생각해볼 필요가 있다.

성격이 쾌활하고 사교성이 좋았던 그녀. 그러나 그녀의 단점은 약속시간을 제때 지키지 못하는 일이 많았다.

"언제쯤 와? 아직 멀었어?"

"어. 어쩌지? 일이 있어서 아직 출발 못 했어. 금방 갈게."

"출발을 못했다고? 아무튼 알았어. 빨리 와."

그녀는 약속시간을 제대로 지켜본 적이 거의 없었다. 그날은 그녀에게 무시받고 있는 기분이 들어 너무 화가 나 있었다. 하지만 도착해서 미안하다고 어쩔 줄 몰라 하는 그녀에게 더는 뭐라 할 수가 없었고, 그날의 기분을 망치고 싶지 않아 그냥 또 속으로 참고 넘겼지만 그녀에게 불만은 계속 쌓여갔다. 어느 날 그녀가 회사에서 지각한 일에 대해 이야기를 꺼냈다.

"나 요즘 회사에서 찍혔어."

"왜? 뭐 때문에?"

"이제 앞으로 지각 체크해서 연차를 차감하겠다고 하더라고."

그녀에게 시간 약속을 지키지 못하는 것이 습관처럼 되어버렸다. 나도 그녀에게 이런 불만이 있었던 터라 고민 끝에 얘기를 시작했다.

"나도 너한테 해주고 싶은 말이 있었어. 약속 시간은 신뢰의 문제야. 평소에도 네가 시간을 제대로 지키지 않아서 그동안 나도 너한테 불만이 많았었어. 심지어 네가 날 얼마나 우습게 봤으면 이렇게 약속 시간을 안 지키겠냐는 생각을 했거든. 회사에서도 차라리 아파서 결석 한 번 하는 게 낫지 지각을 하는 건 너 이미지에 좋지 않아. 일을 아무리 잘한다고 해도 지각을 여러 번 하게 되면 태도가 성실하지 못한 사람으로 비춰지지 않을까?"

"응. 네 말이 맞아. 고쳐야지."

그녀는 여태 자신에게 그런 마음이 있었다는 것에 대해 당황한 눈치였다. 의기소침해 보이기도 했지만 한편으로 쉽게 인정하고 고치겠다고 대답한 그녀를 보고 진작 말하지 못한 아쉬움이 들었다. 다행히 그 뒤로 만남에서 그녀가 노력하고 있다는 것이 느껴졌다.

"요즘은 회사 지각 안 해?"

"응. 그때부터 지금까지 한 번도 지각한 적 없어."

생각보다 그녀가 한 번에 고칠 수 있었다는 것에 놀라웠다. 어릴 때부터 쭉 보아오던 친구의 단점을 미리 조언해줄 수 있었더라면 나도 지금껏 스트레스를 받지 않아도 되는 일이었고, 지금의 회사에서도 근무 태도에 대해 지적받지 않았을지도 모른다. 친구라서, 가까운 사이라고 이해해주고 넘기는 것이 그녀와 나에게도 옳은 일은 아니었다.

나는 그동안 나의 감정에 솔직하지 못한 날이 많았다. 사실 상대의 마음을 고려하기보다 나의 감정을 드러냈을 때 상대방이 느낄 감정을 받아칠 용기가 나지 않았던 것이다. 그러다 보니 나는 어느덧 소심한 사람이 되어가고 있었다.

자신의 생각이나 감정을 뒤로하고 남들을 우선하다 보면 결국 자신 스스로에게도 당당하지 못하게 된다. 누군가에게 느꼈던 감정으로 자신의 마음이 상하는 일이 있다면 자신을 위해서나 상대를 위해서 드러낼 필요가 있다. 당신으로 인해서 상처를 받았음을 알려주고 상대에게도 미처 자신이 인지하지 못했던 행동을 깨닫게 해주는 것이다. 모든 감정을 다 드러낼 필요는 없지만 적어도 자신의 한계선을 침범하지 못하도록 스스로를 지켜야 한다.

상대의 마음만 주시하다 보면 자신을 놓치게 된다. 회식 때 분위기를 깰까 봐 내키지 않는 술을 마셔야 하고, 상대가 자신을 멀리하게 될까 봐 싫은 소리를 해야 하는 상황에서 돌아서 버리고, 미안한 마음에 어쩔 수 없이 거절을 못한 일에 돌아보면 자신에게 남은 건 아무것도 없다. 그저 허탈해진 마음과 스스로에 대한 미안함과 우울함만 있을 뿐이다.

이제 나는 나의 감정이 우선임을 안다. 내가 하는 표현이 상대를 비난하려거나 몰아붙이는 것이 아닌 서로가 공존할 수 있는 타협의 길이라는 것을 알게 되었다. 모두가 서로의 감정을 숨기면서 겉으로 드러나는 웃음은 진짜 웃음이 아닐 테니까 말이다. 서로의 감정을 깊이 있게 교류하다 보면 때론 그 안에서 마찰을 피해갈 수는 없지만 그것으로 인해 서로가 더 나은 방향으로 갈 수 있게 되고 서로 더 단단해지기도 한다.

자신을 표현할 때에 비로소 사람들은 당신을 알아보게 된다. 자신의 표현보다 상대의 반응이 더 중요한 건 아니다. 혹 상대가 당신의 표현을 달가워하지 않거나 당신과 불편한 관계를 이어가려고 한다면 그건 그 사람의 몫으로 넘기면 된다. 어차피 상대도 당신의 입장과 기분을 고려하지 않은 이기적인 태도이므로 더는 신경 쓸 필요가 없지 않은가.

자신의 행복을 위해서는 내가 주체가 되어야 한다. 그러기 위해서는 무엇보다 자신의 감정에 솔직해야 한다. 솔직한 사람들은 누군가의 눈치를 보며 불필요한 감정을 소모하지 않는다. 언제나 자신의 생각을 드러내며 자신이 원하는 것을 얻는다. 행복은 가짜의 삶이 아닌 당신이 진정으로 원하는 것을 찾을 때 찾아오는 것이다.

4 장

남에게든 나에게든
화내지 않는 연습

스스로를 칭찬하라

칭찬은 그동안의 당신의 노력에 대해 인정을 받는 기분을 갖게 한다. 그런 긍정적인 기분은 앞으로도 당신이 살아가는 데 분명 좋은 에너지가 될 수 있다. 그렇기 때문에 서로를 향한 칭찬은 좋은 관계를 형성해주기도 하고, 좀 더 효과적인 의사소통을 이끌어 내는 데 도움을 주기도 한다. 그러나 우리는 남들에게 좋은 점에 대해 높이 평가해주고 응원해주지만 정작 자신에게 칭찬하는 것에 대해서는 생각을 못 하고 살 때가 많다.

나는 누군가가 칭찬을 해줄 때면 상당히 어색해했다. 어떻게 반응을 해야 할지 몰랐고, 오히려 상대의 칭찬에 "아니예요. 그렇지 않아요."라며 겸손을 부리기도 했다. 마치 "감사합니다."라는 표현으로 답을 하면 "네. 당신 말이 맞아요."라고 얘기하고 있는 것만 같았다. 나 스스로를 깎아내리는 것이 미덕인 것처럼 "부족하지만 잘 부탁드립니다.", "잘하지는 못하지만 열심히 해보겠습니다."라는 식으로 나를 낮췄다. 평소의 그런 태도가 습관이 되었고, 반복되는 습관은 실제로 나 스스로도 부족하다고 여기게 만들어버렸다.

남들에 대해 칭찬하는 것은 관대했지만 반대로 나 자신에 대해서는 거리낌 없이 깎아내리는 것에 아무렇지도 않게 생활했다. 그런 생활은 자신을 존중하는 마음을 가질 수 없게 만들었다. 결국 낮아진 자존감으로 인해 용기도 잃게 되었고, 나의 능력마저도 의심을 갖기 시작했다.

나는 그런 내 모습에 대해서 인지를 못 하고 있었다. 그러다 주변의 나와 같은 사람들을 보게 되었을 때 그들을 통해 나의 모습도 마찬가지였다는 것을 알게 되었다. 실제로 우리 주변에는 나와 같은 생각으로 자신 스스로를 낮추는 사람들이 너무나 많았다.

회사에서 팀장 자리에 공석이 생겨 A에게 팀장을 맡아보라는 제의가 들어왔다. 하지만 그녀는 선뜻 그 자리에 오르는 것을 꺼리고 있었다.

"너 정도면 충분히 가능하지."

"아니야. 난 아직 그럴 실력이 못 돼."

"네가 그동안 쌓아온 경력이 얼마인데. 넌 잘할 거야."

"그런 건 리더십이 있는 사람이 해야 하는데 난 그러지 못해."

"처음부터 리더십을 갖고 태어난 사람이 어딨어. 하면서 터득하는 거지."

"정말 내가 할 수 있을까?"

그녀는 자신이 팀장 자격이 부족하다고 생각하고 있었다. 그러나 그렇지 않았다. 그녀는 팀장이 있을 때도 팀장이 그 역할을 충분히 소화해 내지 못해 팀장의 일까지 거의 도맡아서 하는 경우가 많았다.

상대가 마음에 안 드는 부분이 있을 때면 그 자리에서 기분 상하지 않도록 가르쳐주거나 자신이 먼저 행동으로 보여주려 했고, 상대의 마음도 살피며 배려해준 그녀를 사람들은 좋아했고 많이 따랐다. 나도 나의 일을 기억해주고 말 한마디라도 안부를 물어봐주는 그녀의 세심함과 따뜻함에 감동을 받으면서 그녀와 가까워진 것이었다. 그렇게 그녀의 심성으로 누구보다도 사람을 끌어 모을 수 있는 최고의 강점을 가지고 있었다. 아무리 일을 탁월하게 잘한다고 하더라도 사람들과 협력을 이룰 수 없다면 팀장의 역할도 버거운 일이기 때문이다. 그녀는 팀장으로서의 능력이 충분했지만 그 자리에 오르는 것을 두려워했다. 자신에게 자신이 없는 부분은 그녀의 단점이었던 것이다.

"주말에 일하는 동생들하고 강릉에 바람 쐬고 왔어."

"와. 보통은 어린 친구들은 불편하다고 밥도 같이 안 먹으려고 피하는데. 비결이 뭐야?"

"글쎄. 내가 편하게 해주나?"

"넌 진짜 인맥도 많고, 친화력 하나는 끝내주는 거 같아."

그녀에게 있는 장점이 얼마나 대단한 것인지 알기를 바랐다. 경쟁 사회 속에서 서로 대립하고 갈등을 피할 길이 없기 마련인데 그녀는 그 속에서 사람들과 어울리며 이끌어가고 있었다. 자신이 가지고 있는 장점을 바라보며 스스로 칭찬해줄 수 있다면 그녀도 자신에게 용기를 가질 수 있을 것이다.

나도 한때는 나의 장점보다 단점에 대해 우울해하며 고작 이런 사람밖에 되지 못하는 것에 자존감까지 잃어버렸다. 하지만 자신의 장점을 인정하고 스스로를 격려하면서 자신을 사랑하게 되는 마음을 갖게 되었을 때 비로소 힘을 얻을 수 있었다.

단점이 없는 사람은 없다. 그 단점 역시도 자신의 일부임을 인정하고 그 단점이 더 이상 내 인생의 걸림돌이 되지 않음을 칭찬해주는 것이다. 그렇게 나를 인정해야 남들도 당신을 인정해줄 수 있다.

그녀가 자신이 없다고 말할 때 나는 그녀가 정말 할 수 없는 일이라고 생각했다. 그러나 이제 그녀는 팀장이 되어 그 자리에서 임무를 해나가고 있다. 그녀의 걱정이 무색할 만큼 회사에서 인정을 받으며 이제 그녀 없이는 회사가 돌아가지 않을 만큼 막중한 위치에 놓여 바쁘게 살아가고 있다. 우리 자신을 높이는 건 남이 아니라 자기 자신이다.

상대의 장점은 너무나 쉽게 보이지만 자신의 장점에 대해서는 찾아보기가 어렵다. 객관적으로 자신을 바라보지 않기 때문이다. 자신에 대해 욕심을 내려놓고 사소한 것이라도 칭찬해줄 수 있어야 한다. 게으르지만 대신에 꼼꼼한 당신을 칭찬해주고, 요리를 잘하지 못하지만 정리를 잘하는 당신을 칭찬해주고, 오늘도 구직에 실패했지만 앞으로의 무한한 가능성을 가지고 있는 당신을 칭찬해주면 되는 것이다.

만약 상대에게서 칭찬에 목말라하고 있다면 그건 남들에게 의존하고 있는 당신의 모습이다. 그런 사람들은 남들의 비난에도 쉽게 무너져버리고 만다. 남들의 말에 기분이 쉽게 좌우되는 사람들은 자존감이 낮은 사람이다. 당신을 정확하게 평가할 수 있는 사람은 남이 아닌 바로 자기 자신이다. 남들이 하는 칭찬 중에는 당신에게 듣기 좋으라고 하는 입에 발린 말로 진심에서 우러나온 말이 아닐 수도 있다. 진정한 칭찬은 당신이 인정하고 있는 부분에 대해 진지하게 아낌없이 칭찬해주는 것이다.

지금껏 자신의 삶을 스스로 깎아버리는 생각이나 무심하게 내뱉었던 말들은 자신이 못난 사람임을 주변에 알리는 일들이다. 자신 스스로를 사랑하자. 그래야 자신을 소중하게 여길 수 있게 된다. 오늘부터 자신이 한 일에 대해 칭찬을 시작해보자. 칭찬은 많아질수록 칭찬할 일이 더 많이 생긴다. 우리는 칭찬받아 마땅하다. 오늘 하루도 힘차게 달려온 당신에게 '오늘 하루도 멋지게 잘 했어.'라고 말해보는 건 어떨까.

2

타인의 비판을 두려워하지 마라

"그건 옳은 생각이 아닌 거 같은데?"

"너무 부정적으로 바라보는 거 아니야?"

"부정적으로 바라보는 게 아니라 현실적인 부분을 말해주는 거야."

누군가가 나의 일에 '그것이 아니다.'라고 비판을 받게 되었을 때 상대와의 마찰은 불가피해진다. 그로 인해 상대에게 인정을 받지 못하는 기분은 자존감까지 무너지게 할 때가 있다. 그래서 나는 상대의 쓴소리를 외면하려 하고, 또다시 비판을 받게 될까 봐 머뭇거리는 일이 많았다.

인간은 누구나 인정받고 싶어 하는 욕구가 있다. 그 욕구는 아주 어릴 때부터 자리 잡고 있었다. 어린 시절 나는 엄마에게 칭찬을 받기 위해서 좋아하는 사탕을 동생에게 양보하고 곧장 엄마에게 달려갔다.

"엄마. 동생한테 사탕 줬어요."
"그래? 착하네. 사탕 좋아하면서 동생 주려고 안 먹은 거야?"

그때 나는 동생에게 사탕을 양보하고 싶었던 마음보다 칭찬을 받고 싶었던 나의 행동이었다. 어릴 때조차 칭찬을 듣거나 인정을 받았을 때가 먹고 싶었던 욕구보다 더 행복하다고 느꼈던 것이다. 그렇게 인정받고자 하는 욕구가 타인의 시선에 자유로울 수 없게 하고, 상대의 평가와 지적을 받는 것에 대해 두려워하게 하는지도 모른다. 하지만 서로의 사고방식과 가치관이 형성되는 상황에서 문제가 대립되다 보면 서로의 비판은 피할 길이 없어진다. 지금보다 더 높은 수준으로 올라가기 위해서는 서로의 문제를 지적할 수밖에 없기 때문이다. 문제는 비판을 하는 게 아니라 그 비판을 받아들이는 우리의 자세이다.

"네가 하는 일이 마음에 안 들어."
"뭐가 문제인지 말해줘. 잘못된 건 고쳐야 하잖아."

"지금 생각이 안 나. 나중에 말해줄게."

"생각이 안 난다고?"

언젠가 일하는 동료가 내가 싫은 이유에 대해서 한 말이었다. 그녀는 나에 대해 문제가 있다고 말했지만 구체적으로 무엇이 문제인지 정확한 답을 주진 못했다.

나를 향한 사람들의 화살이 두려워 등을 돌리고 숨어버린 날에 대한 일들을 떠올려보면 충분히 정면으로 나서서 대응하지 못했던 안타까운 일들이 많았다. 상대의 비판과 비난을 구분하지 못하고 애써 외면하려 했던 지난날 나는 나의 잘못을 바로 잡을 수 있는 기회를 놓쳤을 뿐더러 근거 없는 비난에도 당당하게 맞서질 못하고 지레 겁을 먹고 숨어버렸다.

타당한 근거 없이 상대를 깎아내리기 위한 목적에 지나지 않는 비난을 받고 있어서는 안 되겠지만 자신이 간과하고 있는 문제를 지적해주고 그것을 깨닫고 올바른 방향으로 갈 수 있게 기회를 주는 것에도 방어벽을 세우면 안 된다.

"그렇게 시작하면 포기하게 될 거야."

"아니. 충분히 할 수 있어. 충분히 계획해서 하는 일이니까 이대로만 하면 문제없어."

"빨리 하는 게 중요한 게 아니야. 완성도가 중요한 거지."

"그것까지 고려해서 세운 계획이야. 내가 그런 생각 못 하고 무리하게 세운 계획이 아니라고."

나 자신을 지키자고 나의 고집으로 스스로의 무덤을 파고 있었다. 닫힌 마음으로 그렇게 자기 중심적으로 생각하다 보니 객관적인 판단을 할 수 없어진다. 남들의 상황은 이해 못 할 일이면서 그런 똑같은 상황이 나에게로 올 때는 충분히 이해할 수 있는 일이 되어버린다. 그러다 더욱더 깊이 파고들어 스스로 더 이상 밖으로 빠져나오지 못하게 되어서야 뒤늦게 상황을 알아차리게 된다.

남들이 나의 문제를 지적하는 것에는 불쾌함이 먼저 앞선다. 그럴수록 오기가 발동하게 되고 '너의 판단은 틀렸어.'라고 보란 듯이 과시를 하며 자신의 모습에 빠져 있다 보면 그 순간에는 모든 게 잘되고 있다고 착각하게 된다. 그러니 상대의 말이 공감이 되지 않을 뿐더러 괜한 트집이라고 여겼던 것이다. 자신에게 올바른 판단이 되기 위해서는 남들을 판단하는 기준이 자신과 분리가 되어서는 안 된다. 또한 남들에게 하는 비판 역시 자신에게도 똑같은 비판을 할 수 있어야 한다. 남들에게 비판을 듣는 마음은 분명 힘든 일이다. 그러나 우리도 남들에게 쓴소리를 해야 하는 상황이 오면 과감히 비판할 때가 있지 않은가. 그들 역시 당신에게 비판할 수 있는 충분한 자격이 있는 것이다.

자신에게 이중잣대가 되지 않기 위해서는 타인의 비판을 진지하게 마주할 수 있어야 한다. 항상 자신의 생각이 옳다고 믿으며 살아가다 보면 편협해지기 쉽다. 그것을 바로잡아줄 수 있는 상대의 싫은 소리도 들을 줄 알아야 한다. 지금 당장 듣기 싫은 말이 당신의 마음을 아프게 하고 상하게 하는 일이라도 문제가 발생하기 전에 바로잡아줄 수 있는 일이라면 기꺼이 받아들일 수 있지 않은가. 우리의 생각을 깨는 것은 때로는 단단한 문을 부수는 것보다 더 어려운 일이다.

그렇기 때문에 자신의 생각을 누군가 바꿔놓는다는 것은 쉬운 일은 아니겠지만 우리 스스로 그 문을 열고 상대의 말을 받아들일 자세가 되었다면 얼마든지 달라질 수 있는 문제다.

타인의 비판을 두려워하기 전에 당신에게 놓인 문제를 깨닫지 못해 더 큰 문제가 일어날 수 있음에 두려워해야 한다. 물론 당신의 문제는 당신 스스로 결정하고 책임져야 할 문제지만 때로는 한 사람의 생각보다 두 사람의 생각이 더 큰 시너지가 될 수도 있기 때문이다.

"비판은 깊은 의심에서 나온 심술이나 고약한 의견이 아니다. 비판은 바람이다. 이마를 시원하게 식혀주고 눅눅한 곳을 뽀송뽀송하게 만들어 주며 나쁜 균이 번식하지 못하도록 막아준다. 그렇기에 비판은 쉼 없이 들을수록 좋다."

– 프리드리히 니체

내가 좋아할 수 있는 사람과 친밀하게 관계를 맺으며 살아가고 있지만 때로는 나의 사고방식과 가치관이 다른 나와 맞지 않은 사람들과도 관계를 맺게 된다.

다행히도 그런 관계를 통해 서로 다른 사고방식과 가치관이나 생활 방식에서 오는 차이에 대해 서로 고찰하게 하고 타협하며 수용하게 된다. 당신에게 칭찬만 하는 사람에겐 조언을 기대하기는 어렵다. 즉 당신이 발전할 수 있는 데는 아무런 도움을 줄 수 없는 사람인 것이다. 당신에게 더 냉철하고 더 까다롭고 더 날카롭게 지적을 해줄 수 있는 사람일수록 당신의 문제를 예리하게 짚어주고, 당신이 더 큰 문제를 일으키기 전에 바로잡을 수 있게 한다는 것을 알아야 한다.

3

부러운 게 이기는 것이다

언제부터 인가 TV에서 '부러우면 지는 거다.'라는 말을 접하게 되었다. 마치 부러워하게 되면 패배를 인정해버리는 것처럼 그들의 부러운 삶을 외면하는 것이 답이라는 듯 느껴졌다. 멋진 그들처럼 살아가는 것을 부러워하면 정말 지는 것일까?

나도 한때는 그러한 말처럼 부럽다고 느끼는 내 자신이 초라해지는 것 같아 애써 관심 없는 듯 마음을 감추며 살았다. 지금의 나의 삶에 만족을 느끼고 있고, 그것이 필요가 없기 때문에 굳이 갖지 않는 것이지 못 갖는 것이 아니라고 자신을 합리화시키면서 스스로를 위로했다. 그러나 그런 생각들이 나의 삶을 안주하게 했고, 그것이 독이 되고 있다는 사실을 그때는 미처 깨닫지 못했다.

"아. 정말 부럽다. 저 사람 봐. 나이도 어려 보이는데, 저런 멋진 집에서 살고 있네."

"저런 걸 보면 우울해지기만 하지. 보지 마."

그들의 학문적 지식, 재능과 능력, 물질적인 풍요, 외적인 아름다움, 수많은 인맥 등 각자 자신이 추구하는 삶을 그 누군가의 삶을 통해 바라보게 되었을 때 드러내지 않고 있던 마음은 어쩔 수 없이 부러움으로 녹아들고 만다. 부러움의 시선은 그들의 삶과 자신을 비교하며 자신이 갖지 못한 것에 시기와 질투를 넘어 우울감을 느끼다 보면 그들과 나를 분리시키며 단절해버리는 나름대로의 방법을 찾아간다.

'그들은 원래부터 금수저였기 때문에 그렇게 살고 있는 거야.'

'저들은 돈을 잘 버는 직업이니까.'

이렇게 생각하면서 자신에게는 '넌 그런 환경이 안 되고 돈을 잘 버는 직업도 아니니 그만 포기해.'라고 단정하며 스스로를 인정해버린다. 그

렇게 허황된 꿈을 가진 이상주의적인 사람보다 현실을 마주한 현실주의

자가 현명한 사람이라고 결론을 내리는 것에 만족하면서 말이다.

부럽다는 마음이 든다는 건 분명 자신도 그것을 간절히 원하고 있다는

이야기다. 그 마음을 빨리 인정해야 당신도 원하는 그것을 얻을 수 있다.

내가 원하는 삶을 살고 있는 상대에게서 동기 부여를 얻고 긍정의 마음

으로 바라볼 수 있는 용기가 필요하다.

어쩌면 그들이 나의 삶의 스승이 될 수도 있다. 그들이 어떻게 지금 이

자리까지 걸어오게 되었는지 배우고 느끼는 것이다. 물론 그중에는 태

어날 때부터 모든 것을 가지고 태어나는 사람도 있겠지만 자신의 노력과

땀으로 일궈낸 재능과 부를 얻은 사람들도 많기 때문이다.

실제로 무일푼에서 100억 원의 자산을 이룬 김태광 작가는 이렇게 말

했다.

"진짜 부자가 되고 싶다면 부자를 좋아해야 해요. 부자를 시기하고 욕

하는 건 부를 멀리하는 마음입니다."

내가 갖지 못했다고, 가질 수 없다고 그들을 외면하고 때로는 시기하고 질투하면서 애써 자신은 아무런 욕심이 없는 삶을 포장했던 일이 어쩌면 지금껏 우리가 바라고 원하는 일을 밀어내고 있는 것이었는지도 모른다.

'너도 힘들구나. 맞아. 지금은 다 힘들지. 그러니 나도 힘든 건 당연한 거야. 괜찮아.'

지난날의 나는 마음이 안주할 수 있는 것만 보려 했다. 그렇게 하는 것이 나의 마음에 조금이라도 위안이 되는 듯했다. 그런 마음이 나를 안심시켰고, 그럴수록 나는 나태해졌고 항상 그 자리에 머물게 되었다.

현실을 마주하고 살아온 나는 이제 더 이상 애써 부러운 마음을 숨기지 않기로 했다. 그들에게서 얻는 교훈은 분명히 있었다. 항상 긍정의 마음으로 도전하고 매시간을 허투루 보내지 않고 앞으로의 삶에 대해서도 안주하지 않고 늘 정진한다. 그러나 평범한 나로서는 갇힌 생각과 마음으로 별 다른 의미 없이 하루하루를 보냈고, 소중한 시간을 무의미하게 흘려보내던 날이 많았으며, 앞으로 힘들어지는 상황이 올까 봐 두려워했다. 그런 생각의 차이는 생활 패턴의 차이를 생기게 하고 그러니 서로의 삶은 달라질 수밖에 없음을 깨달았다.

자신의 운명은 자신이 만드는 것이라고 했던가? 아무 일도 하지 않고 노력도 없이 그저 나의 운명이 어떨지 걱정만 하고 고민만 하며 살았던 지난 일들이 너무 헛되게 느껴지는 순간들이 많았다. 세상에는 내가 갖고 싶어 하는 것들이 도처에 깔려 있다. 그것을 잡지 못한 건 나였다. 잡으려 하지 않고 언제 그것이 나의 손에 들어오게 될 것인지 운만 바라고 있었다. 간절히 바라기만 하고 기적을 꿈꾸며 소원만 빌듯이 말이다. 소극적인 태도는 아무것도 가질 수 없게 한다. 우리의 몸과 마음이 적극적으로 원하는 것을 드러내고 표현하며 실행할 수 있어야 우리의 삶이 달라진다.

이제 우리는 부러운 것에 마음껏 부러운 마음을 드러내야 한다. 자신의 눈과 마음으로 그 대상을 직시하며 바라볼 수 있어야 그들을 더욱 깊이 관찰할 수 있다. 그들의 빠르게 돌아가고 있는 생활 패턴과 그들이 가지고 있는 생각을 배워야 한다. 자신은 그들과 어떻게 다른지 비교할 수 있어야 그들의 장점을 발견하고 자신의 단점을 깨닫게 되기 때문이다.

그렇게 자신의 부족함을 알고 채워나가다 보면 어느 새 달라진 자신의 모습을 발견하게 될 것이다.

우리는 타인을 통해 자극을 받게 된다. 그 상대가 자신과 더 가까운 관계일수록 더욱더 가슴이 뛸 것이다. 사촌이 땅을 사면 배가 아프다는 말이 있듯이 상대의 성공과 성취를 질투의 대상으로 볼 것이 아니라 그들의 삶을 온전히 옆에서 생생하게 느끼며 그들의 좋은 에너지를 전달받을 수 있는 기회로 봐야 한다.

그리고 그들로 인해 자신에게 원동력이 되어주는 것에 감사하며 기쁨을 느껴야 한다. 지금 당신에게 아무런 동기 부여나 원동력이 되어줄 사람이 없다는 것은 오히려 슬픈 일이다. 유유상종이라는 말처럼 당신과 함께하는 주변 사람들이 곧 당신을 말해주는 것처럼 주변 사람들이 더욱더 행복하고 빛이 날수록 당신에게 좋은 영향을 가져다줄 것이다.

자신의 삶에 만족할 줄 알고 행복을 느끼며 살아가는 것이 진정한 행복을 누리고 살아가는 것이다. 그러나 자신이 가고자 하는 방향에 서 있는 사람을 보게 되었다면 그들을 향해 달려갈 수 있어야 한다. 그래야 주변 사람들이 행복할수록 당신도 덩달아 행복해질 수가 있다. 지금 곁에 부러움의 대상이 있다면 당신도 빠르게 그 길에 들어설 기회가 온 것이니 그들을 향해 더욱더 환호와 박수를 보내자.

4

버리고 비우면 편안해진다

오롯이 나만을 위한 시간을 갖고 나에게 집중하면서 살았던 날은 얼마나 될까? 혼자 있는 시간마저도 나의 마음은 그것을 허락하지 않는다. 금세 떠오르는 사람들과 신경 쓰이는 일들이 불쑥 튀어나와 피곤하게 만든다. 아침에 눈을 뜨고 제일 먼저 생각하는 것은 오늘은 또 하루를 어떻게 시작을 해야 하는지 걱정하고, 잠들기 전까지도 내일을 걱정한다. 쉬어도 쉬는 것이 아닌 시간들. 그렇게 늘 마음이 조용할 틈이 없다.

나에게 마음의 여유를 줄 수 있는 의지가 있는 것일까? 나 스스로를 가만히 놔두지 못하고 마치 필요 없는 물건들을 버리지 못해 다 끌어안고 사는 것처럼 아무것도 내려놓지 못하는 나의 마음이 문제인지도 모른다.

버리는 일은 쉽지가 않다. 나의 소중한 추억들이 묻어 있는 것들과 지금 사용하지 않아도 언젠가는 사용하게 될지도 모르는 것, 버리기에는 왠지 아까운 것이기에 하나하나 모두 의미가 있는 것이다. 그렇게 발 디딜 틈도 없이 살다 보면 나의 생활은 불편해지고 엉망이 되어버리는 것처럼 지난날의 집착과 지금의 욕심이 나의 마음을 어지럽히고 있다. 하지만 시간이 흘러도 간직하고 있는 것은 달라지지 않는다. 오히려 그것이 나의 발목을 잡고 있었고 의미 없는 것에 매달리며 스스로를 버겁게 만들어놓았다.

'어! 이게 여기 있었네? 아무리 찾아도 없었는데.'

어느 날 짐을 정리하다가 우연히 발견하게 된 물건이었다. 그 당시 아무리 뒤져도 찾을 수 없어서 애를 먹었던 기억이 있다. 불필요하게 쌓여 있는 물건들 때문에 정작 중요한 물건을 잃어버린 일들이 많았다.

어쩌면 나는 애써 어려운 길을 걸어가고 있었는지도 모른다. 한 가지의 일을 생각하면 10가지의 문제들이 줄을 서 있었고, 문제가 드러나는 것이 혹 상대에게 민폐가 될까 봐 혼자 애쓰며 짊어지고 다녔다. 때로는 강해지려고 상대의 손길을 밀어내며 홀로 싸우다가 막상 외로움과 두려움을 느낄 때는 한없이 연약해져 있는 자신과 맞닥뜨리게 된다. 그런 일들이 나를 더욱더 어렵고 복잡하게 만들고 있었다.

현실에 눈을 떴을 때 난장판이 되어 있는 자신의 주변을 보며 그동안 쥐고 있던 것들이 쓰레기통으로 던져버릴 물건이라는 것을 깨닫게 된다. 그동안 나 혼자서 끙끙 대며 마음 졸이고 있었던 모든 것이 의미가 없다는 사실을 조금이라도 빨리 깨달아야 했다. 그랬다면 그렇게 나의 마음을 힘들게 하지 않아도 됐을 텐데 말이다.

'그때가 참 좋았는데. 왜 그때는 그 행복을 즐기지 못했을까?'

돌아보면 참 좋았고 행복했던 순간이 많았다. 그러나 그때의 순간을 마음껏 누리지 못한 것에 아쉬움이 남는다. 그때의 행복을 모르고 지나갈 만큼 마음의 여유가 없었으리라. 채우려고만 했던 나의 욕심이 그날의 여유까지는 담아내지 못했다. 이제는 마음의 정리가 필요할 때다. 지금껏 미뤄왔던 자신의 마음을 하나씩 들여다보며 정리하면서 그렇게 조금씩 버리고 비우다 보면 그동안 하지 못했던 나의 마음이 오롯이 나를 향해 집중할 수 있게 될 것이다. 여백이 많을수록 그릴 수 있는 공간은 더 많아진다. 비어 있는 공간에 자신의 새로운 것을 담아 지금의 자신을 변화시킬 수 있게 한다. 비움으로 오히려 더 많은 것을 가질 수 있다는 것에 더 큰 깨달음을 얻고 나서야 버릴 수 있는 것이다. 그동안 가려졌던 시야로 볼 수 없었는데 이제는 얼마나 아름다운 세상인지 볼 수 있었고, 미처 알아보지 못했던 순간도 이제 얼마나 소중한 것인지 알게 되었다. 맑아진 정신으로 더 이상의 고통이 사라진 것이 감사하고 평온해진 마음으로 더 이상 억지웃음을 짓지 않아도 된다. 그동안 애쓰며 잡으려 했던 것에 더 이상 아무런 의미가 없음을 알게 된 이후부터는 다가올 의미 있는 것에 눈을 돌릴 수 있는 현명함을 얻었다. 쉽게 떠나보내지 못하는 미련이라는 마음과 자신이 키워낸 집착을 모두 버려야 가능한 일이었다.

지금껏 공들여 쌓아올린 나의 것이 언제 무너질지 몰라 불안에 떨었던 나는 이제 자유로울 수 있게 되었다. 그동안의 걱정과 불안, 슬픔과 그리움, 원망과 분노에서 빠져나와 이제는 나만의 편안한 시간을 보내고 있다. 인생의 길지도 그렇다고 짧지 않은 시간을 부질없는 것에 더 이상 낭비할 수 없다. 내가 사랑하는 사람들과 함께하는 지금의 나는 충분히 행복하다.

"오늘 날씨 참 좋다."

"와, 저 하늘 좀 봐. 유독 파랗다. 원래 저렇게 파랬나?"

"저건 파란 것도 아니야. 얼마 전에는 구름 한 점 없이 진짜 예뻤는데."

"정말? 하늘이 이렇게 예뻤구나."

오랜만에 친구와 나들이한 날이었다. 그날따라 하늘은 유난히 파랗게 보였다. 늘 같은 곳을 다녔지만 정작 나는 제대로 하늘을 오랫동안 쳐다본 일이 없었다. 곁에 있어도 그것이 당연한 것이기에 무심하게 지나쳤던 순간들이 많을 것이다. 오로지 나의 머릿속에는 가야 할 목적지와 해야 할 일들을 생각하면서 누군가가 손짓을 해도 알아채지 못했던 그런 생활이 지금의 멋진 하늘을 보지 못했던 이유였다.

벌써 파릇하게 돋아나는 새싹은 어느 새 주변을 가득 채웠고 그 사이에 개나리와 벚꽃은 어느 덧 만개하여 완연한 봄이 와 있었다. 나는 그것들을 온몸으로 느끼며 여태껏 느끼지 못한 새로운 봄을 맞이했다.

당신은 지금까지 아주 잘 살아왔다. 지금의 멋진 당신의 모습이 말해주고 있지 않은가. 그러나 조금은 힘들고 버겁게 느껴진다면 당신의 마음을 조금 편하게 놓아주라고 말하고 싶다. 생각은 늘 꼬리에 꼬리를 물고 따라온다. 어차피 당신이 하고 있는 모든 근심과 걱정은 해결될 문제보다 이룰 수 없는 일들에 대한 막연한 걱정이 더 많다. 우리 주변에는 너무나 많은 것이 존재한다. 그 모든 것을 바라볼 수 있는 마음의 여유는 오로지 당신의 선택에 달려 있다. 지금 지나면 다시 오지 않을 시간을 더 이상 헛되게 보내는 일은 없어야 한다. 그렇지 않으면 오늘 부질없는 생각으로 보내버린 이 시간 때문에 내일이 아플 수도 있다. 마음의 무게를 버리고 비워서 마음의 평온을 얻은 당신은 지금보다 훨씬 더 행복해질 수 있을 테니까.

5

당신이 원하는 것에 집중하라

당신이 원하는 것은 무엇인가? 여행을 가고 싶다거나, 더 나은 집과 직장을 꿈꾼다거나, 좋은 배우자를 만나고 싶다거나 누구나 자신이 소망하는 한 가지쯤은 가슴에 품고 살아가고 있을 것이다. 그러나 아이러니하게도 우리는 원하지 않는 것에 더 집중하고 있다.

연봉 협상을 앞둔 A는 근심에 잠겼다. 경기가 좋지 않아 회사 직원들의 임금이 대부분 동결이 되었다는 소문들이 무성했기 때문이다. 그녀는 지금껏 열심히 일해온 열정들이 허무해지는 기분이었다. 그로 인해 회사를 그만두고 이직을 하는 사람들도 있었지만 그녀에게는 옮기는 상황도 여의치가 않았다. 그런 그녀가 어느 날 하소연을 해왔다.

"일주일 후면 연봉 협상하는데 나도 동결이 될 것 같아."

"모든 직원 전체가 동결된 거야?"

"그건 아니겠지만. 근데 회사 사정이 어렵다고 대부분 오르지 않았대."

"오른 사람도 있을 거 아니야. 아무리 회사가 어렵다고 하더라도 평가 기준이 있을 텐데 너무 미리 낙심하지마."

그녀는 성실했고 자신의 일에 열정을 다했으며 성과도 매우 좋았다. 최선을 다했던 만큼 인정받고 싶었다. 그동안의 노력으로 이번 연봉 협상에서 많은 기대를 하고 있었던 터였다. 일주일 후 연봉을 협상하는 날이 드디어 돌아왔다. 협상의 결과는 그녀의 예상대로 회사가 어렵다는 이유로 거의 오르지 않은 것이나 다름없는 결과였다. 그녀는 그 자리에서 결과를 인정하지 않았고, 일주일 후에 다시 이야기하기로 하고 우선 마무리를 지었다. 낙담을 한 그녀는 그만두는 것을 심각하게 고민했다. 자신을 알아주지 않는 곳에서 더는 일할 마음이 나지 않았다. 떠나는 주변 사람들도 그녀에게 차라리 다른 곳으로 옮기라고 조언을 했다. 그러나 그녀는 자신이 해온 열정이 아까웠다. 나름대로의 애정을 갖고 일해왔고 그만큼의 애사심도 많았다. 회사의 입장을 이해해주고 내년의 연봉을 기약할까 고민하면서도 또 한편으로는 그녀가 지금껏 고생해온 자신을 위해서 물러날 수 없다고 생각했다. 그녀는 자신이 해온 일들과 그동안의 좋은 평가가 될 수 있었던 결과를 모두 정리했다. 그리고 며칠 후에 있을 면담에서 자신을 어필할 내용을 생각했다. 일주일 후 그녀의 연봉 협상의 결과는 기대 이상이었다. 회사에서 가장 높게 연봉이 오른 것이다.

우리는 문제를 맞닥뜨리기 전에 먼저 걱정을 한다. 중요한 계약건을 성사시키지 못할까 봐 걱정하고, 상대의 눈 밖에 나서 자신이 피해를 볼까 봐 걱정하고, 나중에 병들어서 많은 것을 잃게 될까 봐 두려워한다. 생각의 패턴은 습관처럼 당신이 원하는 것에 반대의 경우를 생각하며 집중하고 있다. 사실 당신이 원하는 것은 멋지게 계약을 성공시키는 모습이고, 상대에게 자신의 능력을 인정받고 있고, 건강한 노후의 삶을 살고 있는 모습일 텐데 말이다.

자신이 상상하는 것에 집중하는 것은 그 일을 불러들이는 일이다. A가 자신도 다른 사람들처럼 월급이 동결될 것이라고 단념해버렸다면 자신에게 다가온 일을 순순히 받아들이거나 실망하고 회사를 그만두었을지도 모른다. 그녀도 처음엔 자신도 연봉이 동결될 것이라는 것에 집중하고 있었기 때문이다. 하지만 자신이 이루고 싶은 것에 생각을 맞추고 다시 도전한 그녀는 결국 자신이 원하는 것을 찾게 되었다.

간절히 바라면 이뤄진다는 말이 있다. 그만큼 자신이 생각하는 것이 곧 현실이 된다는 말이기도 하다. 그렇기 때문에 우리가 생각하는 것이 두려움이라면 두려운 결과가 올 수밖에 없는 것이다. 나 역시도 스스로에게 간절히 바라면서도 그것이 이뤄지지 않을 것 같은 걱정에 마음을 쏟고 있었다. 불안함 마음은 불안한 행동이 되고 그 행동은 곧 현실로 이뤄지곤 했다. '그럴 줄 알았어. 불길한 예감은 빗나가지 않아.'라며 더욱더 확실하게 현실로 굳혀버렸다. 그동안 나는 내가 바라고 있는 것을 이룰 수 없게 해달라고 계속 주문을 걸고 있었던 것이다. 떠오르는 생각을 떠오르지 않도록 내 맘대로 하는 일은 쉬운 일이 아니다. 아무리 좋은 생각을 하려고 해도 금세 잡념들이 비집고 들어온다. 그것은 그만큼 우리 자신에게 잡념들이 너무나 많기 때문이다. 세상의 근심 걱정을 다 끌어안고 살아온 우리이기에 이들의 생각을 잠시 멈추는 게 만만치 않다. 그러나 걱정과 집중은 별개 문제다. 당신이 하고 싶은 생각을 오롯이 할 수 없다는 것은 그만큼 당신이 원하는 것에 집중을 못 하고 있기 때문이다.

나도 늘 복잡한 머릿속 때문에 집중을 하지 못하는 게 고민이었다. 그러던 어느 날, 나에게 청천벽력 같은 일이 생겼다. 아버지가 후두암 말기라는 것이다. 나는 그날 무너지는 마음이 어떤 것인지를 알게 됐다. 아버지를 살려만 달라고 온 마음을 다해 매일 밤새도록 울며 기도했다. 아버지 외엔 아무 생각도 할 수 없었다. 오로지 아버지의 병이 나을 수 있는 길만 생각했다. 후두암에 좋다는 건 모조리 찾아보았고, 유명하다는 의사와 병원을 찾으며 아버지가 낫기만을 바랐다. 그렇게 찾은 병원을 예약하고 아버지와 함께 진료를 보러 들어갔다.

"언제부터 쉰 목소리가 나기 시작하셨어요?"

"한 달 정도 됐습니다."

"검사하겠습니다. 입 크게 한번 벌려보세요. 이거 후두암이 아닌 거 같은데요? 염증으로 보이거든요. 우선 약 드릴 테니까 복용해보시고 일주일 후에 다시 오세요."

다행히 일주일 후 아버지는 역류성 식도염으로 후두에 염증이 생긴 것으로 진단이 나왔다. 한바탕 일을 치르고 나서야 간절하게 바라는 것이 어떤 것인지를 깨달았다. 너무나 간절하게 이루고 싶은 소망 앞에서는

지푸라기라도 잡고 싶은 마음 하나로 그 대상을 바라보며 자신의 모든 것을 쏟아 붓는다. 집중을 하지 못하는 건 그만큼의 간절함이 없었던 것이다. 지금껏 지내온 세월 속에서 자신이 원했던 일 중 이루어진 것과 이루지 못했던 것을 떠올려보자. 그리고 아직 이루어지지 못한 일에 당신의 마음이 어땠는지 한번 생각해보자. 아마도 당신의 마음이 부족했던 순간이 더 많았을 것이다.

이제 나는 내가 원하는 것에 집중하고 있다. 한계라고 여기던 일들은 이제 더 이상 문제가 되지 않는다. 간절함 속에 나의 마음이 움직이고 그대로 따라가기만 하면 되는 것이다. 세상의 일들 중에서 이룰 수 없는 꿈은 없다. 그 꿈을 막고 있는 것은 자신의 생각이다.

자신의 생각을 움직일 수 있는 건 자신뿐이다. 자신을 믿어라. 그리고 당신이 원하는 것을 생각해보자. 그리고 그것을 위해 오롯이 집중하자. 당신이 바라고 있는 것이 이미 이루어졌다고 상상하면서 행복해하는 자신을 그려보자. 당신이 불러들인 상상 속 이미지들은 곧 현실이 될 것이다.

6

마음의 온도를 높여라

가끔은 무심하다는 말을 들을 때면 이기적인 사람이 되어버린 거 같아 나를 되돌아보곤 한다. 홀로 살아가는 것이 익숙해지고, 나에게만 집중하며 살다 보니 주변 사람들과의 만남이 점점 줄어든다. 가끔씩 서로 잘 지내냐고 안부를 묻거나 언제 한번 시간 내서 보자고 하지만 이 역시 말뿐이다.

그러다가 연락도 점차 뜸해지고 서로의 관심도 멀어져버린다. 이러다가 이들의 기억 속에서 나의 존재가 잊히는 건 아닌지 불안해지기도 하고 한편으로는 쓸쓸해지기도 한다. 나조차 사람들에게 무심하다는 말을 들으면서도 그들에게서 관심이 멀어지는 걸 두려워하고 있었다.

관심은 결국 관계를 유지하는 일이다. 아무리 혼자만의 시간이 즐겁고 행복해도 결국 나 혼자 살아가는 세상은 아무리 시간이 주어져도 더이상 행복한 시간이 아닐 것이다. 그래서 곁에 있는 사람들과 멀어지지 않기 위해서는 서로에게 관심이 필요하다. 하지만 나는 그 관심을 정작 가까운 상대에게 주지 못하는 일이 많았다. 그건 바로 가족이었다.

"동생한테 연락해봤니?"

"아니? 왜 무슨 일 있어?"

"너 동생한테 무슨 일 생겼는지도 몰라?"

"아. 맞다. ○○ 아프다고 한 거 같았는데. 많이 아프대?"

"네가 직접 전화해서 물어봐. 넌 누나가 되어가지고 왜 그 모양이니."

조카가 탈장을 겪고 있다는 것을 우연히 엄마가 동생과 통화하는 것을 듣고 알았다. 이제 겨우 생후 100일이 좀 지난 조카였다. 이야기를 듣고 걱정이 되기도 했지만 탈장은 아기 때 흔히 일어날 수 있는 것이라고 어디선가 들어본 적이 있었던 터라 치료하면 괜찮겠지라며 별일 아닐 거라 생각하고 지나쳤다. 그러다가 며칠 후 엄마는 동생의 일을 꺼내어 나에게 물었던 것이다.

나는 그 순간 '아차' 하는 생각이 들었다. 엄마가 알고 있었기 때문에 나는 따로 동생에게 연락할 필요는 없다고 생각했다. 엄마는 엄마이고 난 나인데 어째서 그 순간은 동일시로 생각했던 걸까. 나의 짧았던 생각에 동생에게 미안한 마음이 들었지만 그동안 여러 가지로 타이밍을 놓쳤던 일들과 누나로서 신경을 쓰지 못한 미안함으로 선뜻 연락하기가 어려웠다. 엄마는 이번 일뿐만 아니라 그동안 무심했던 나를 질책하고 계셨던 것이다.

남들에게 하는 꾸준한 안부와 인사를 가족에게는 제대로 전하지 못한 일이 많았다. 오히려 함께하는 가족이기 때문에 굳이 말하지 않아도 알 것이라는 마음이었는지도 모른다. 그렇게 서로에 대한 표현이 인색해지다 보니 소통은 줄어들고 서로의 관심에서 멀어져버렸다.

'표현을 하지 않는데 어떻게 알아.' 언젠가 친구가 자신의 남편이 표현을 하지 않는다며 불만을 드러낸 적이 있었다. 남편은 그걸 꼭 표현을 해야 아느냐며 친구를 타박했다고 한다. 사실 우리는 마음과 다르게 표현하는 것에 인색하다. 어떻게 보면 좀 쑥스러운 일이기도 하고 애써 당연한 일을 굳이 말을 해야 하는 필요성을 못 느끼는 일이기도 하지만 상대가 독심술을 갖지 않은 이상 그 마음을 알지 못하는 경우도 있다. 자신의 마음은 자신만 아는 것이다. 그렇기 때문에 상대에게 알려주어야 한다. 당신의 마음이 어떠한지를 말이다. 그 표현으로 작은 오해가 풀리기도 하고 우울했던 기분까지 날려버릴 수 있게 한다면 더 이상 표현을 아낄 필요는 없을 것이다.

간혹 '차갑다.' 혹은 '냉정하다.'라는 말을 들을 때는 항상 상대에게 말과 행동을 아꼈던 순간이었다. 아무리 내가 그들에게 따뜻한 마음이 있더라도 표현을 하지 않은 이상 나는 관심 없고 무심한 사람에 지나지 않았다.

동생과 나는 어릴 때부터 늘 함께 붙어 다녔다. 부모님이 맞벌이를 하셨기 때문에 동생과 둘이 남아서 서로 의지하는 시간이 많았다. 학원을 가야 할 시간에도 동생은 어김없이 날 따라 나섰다. 집에 있으라고 짜증도 냈지만 도무지 말을 듣지 않고 학원 계단에 앉아서 조용히 기다리겠다고 떼를 쓰곤 했다. 그때는 졸졸 따라다니는 동생이 귀찮게만 느껴졌다. 하루는 학원 수업을 끝마치고 나오는데 그날도 어김없이 학원 계단에 조용히 턱을 괴고 앉아서 기다리고 있었다.

날 보자마자 빙긋 웃는 동생을 뒤로하고 무심하게 밖으로 나와 집으로 향해 걸어가는데 동생이 날 붙잡는다.

"누나. 아이스크림 먹을래?"

한쪽 골목 귀퉁이에서 아이스크림을 팔고 있는 작은 노점상을 가리키며 동생이 말했다.

"돈 없어. 아이스크림 지금 못 먹어."

나는 귀찮은 듯 다시 몸을 돌렸다.

"나 여기 돈 있어."

동생은 호주머니에서 동전을 꺼내어 말했다. 그리고는 동생과 함께 노점상에서 동생이 내준 돈으로 산 아이스크림을 받아들었다.

"누나 이거 먹어."

"근데 넌 안 먹어?"

"응. 난 안 먹어."

먹지 않겠다고 하는 동생에게 '별로 먹고 싶지 않은데 뭐 하러 사 먹자고 한 거야?'라고 생각했고 하는 수 없이 나 혼자 아이스크림을 먹으며 걸어갔고 동생은 내 옆에서 조용히 집까지 왔다. 그 당시 난 10살이었고 동생은 고작 7살이었다.

하나밖에 살 수 없는 돈으로 누나한테 아이스크림을 사주던 동생이었다. 지금 돌아보면 동생의 마음이 얼마나 예쁘고 고마운 것이었는지 각박하게 살아가는 현실에 치여 마음이 얼어버린 어른이 되고 나서야 깨달았다. 그런 동생에게 그때나 지금이나 여전히 무심한 누나다.

정해져 있지 않은 길을 걸어가야 하는 막연함과 막막한 마음을 달래주었던 건 늘 함께하는 가족들과 응원해주는 친구들이었다. 가끔씩 요즘 어떻게 지내는지 안부를 묻고, 밥은 먹었는지 걱정해주고, 다음에 시간 내서 보자는 약속도 어쩌면 이런 익숙한 대화들이 내가 혼자가 아님을 알게 해주는 것인지도 모른다. 그 용기로 지금의 낯선 길도 두려움 없이

갈 수 있으니까 말이다.

　이제는 서로에 대한 관심과 표현이 내가 사랑하는 사람들과 오랫동안 행복하게 함께할 수 있는 일이란 걸 안다. 그리고 그 표현에는 특별한 이벤트나 기술이 없어도 된다는 것이다. 호주머니의 동전을 털어서 누나에게 아이스크림을 사준 그때의 7살 꼬마처럼 작은 표현으로도 얼마든지 진심을 전달할 수 있고 상대의 마음을 따뜻하게 해줄 수 있다.

7

감정에게 안부를 묻다

이제 더는 인연이 아니라고 여겼던 사람하고도 한 번의 연락으로 다시 인연을 만들어갈 때도 있고, 연락이 끝내 닿지 못한 사람과는 아예 연락처까지 사라져버리고 결국 인연은 끝나버리기도 한다. 너무나도 가깝게 지냈던 사람과도 떨어져 지내다 보면 마음에서 점점 멀어져버린다. 그 관계를 계속 이어갈 수 있었던 건 그나마 가끔씩 서로의 안부를 묻는 것이었다.

문득 옛 추억이 떠오를 때면 그때의 사람들이 그리워진다. 그들은 지금 무얼 하며 살아가고 있는지, 그리고 어떻게 달라졌는지 궁금해지지만 막상 연락을 하는 것이 쉽지가 않다. 갑자기 전화해서 어색해질 것도 같고, 내 맘과 다르게 그들이 날 반가워하겠냐는 생각이 들기 때문이기도 하다. 그저 마음속으로 생각만 하고 있을 때 즈음 어느 날 예전에 함께 일했던 동료에게서 메시지가 왔다. 잘 지내냐는 말이 그렇게 반가울 수가 없었다. 상대도 날 기억해주고 있었다는 게 고맙기도 했고, 나 역시도 몹시 보고 싶었던 사람이었다.

그날의 안부를 시작으로 한동안 뜸했던 사이가 이제 자주 연락하는 사이가 되었고, 어느새 서로의 고민을 나눌 수 있는 든든한 존재가 되었다. 만약 그날의 메시지 한 통이 아니었다면 우린 서로의 기억에서만 머무는 관계로 남았을 것이다. 안부는 서로에 대한 관심이다. 그렇게 관심을 갖다 보면 그동안에 상대에 대해 몰랐던 부분도 알게 되고 서로를 이해할 수 있게 된다. 그런 관심을 자신에게도 돌려본다면 우리의 마음은 지금보다 훨씬 더 편해질 수 있다.

나는 여태껏 상대에게만 관심을 가지려 했지 정작 나의 대한 관심을 가져보질 않았다. 나보다 상대가 먼저였고 나의 감정은 나중일 때가 많았다. 그렇다 보니 기분이 나빠도 그 상황이 어색해질 거 같으면 전혀 내 감정을 드러내지 않았다. 내 감정보다 그 상황을 지키는 것이 나에겐 더 중요한 일이었다.

　20대 때의 일이다. 그 당시에 친구가 나에게 "난 지금껏 네가 화를 내는 걸 본 적이 없어."라고 말했다. 나는 내가 화를 낸 적이 없었다는 것을 친구가 말하기 전까지 몰랐다. 그저 그 친구와 특별히 문제가 일어날 일이 별로 없었을 것이라고 생각했다. 그러나 곰곰이 생각해보면 그때 나는 그 친구에게 화가 난 상황이 없었던 것이 아니라 나의 감정에 무심했던 때였다.

　난 좋은 것도 특별히 싫은 것도 없었다. 그냥 주변이 좋아하는 것이면 좋았다. 그런 나를 보고 그때 당시의 친구들은 나를 착하다고 생각하고 있지만 사실은 뚜렷한 주관이 없었고, 나 자신에 대해서도 잘 알지 못했다. 그래서인지 기분이 나쁠 일도 없었고 늘 괜찮았던 것이다.

　그런 마음으로 시작한 사회생활은 너무 괴롭고 힘든 나날이었다. 상처를 받은 순간에도 그 감정을 혼자 고스란히 떠안고 자책했다. 모든 것은 나에게 문제가 있기 때문에 슬퍼도 아파도 그건 당연한 것이었다. 나를 위로하거나 슬픔을 달래보거나 이겨 내보려는 생각은 해보질 못했다. 그렇게 우울함 속에 갇혀 있었고 세상 가운데 지쳐 있었다.

하지만 이제는 나를 언제나 우선순위로 두고 나의 감정을 들여다보며 지켜주고 있다. 나와 상대도 서로를 지킬 수 있는 방법을 찾게 된 것이다. 나를 들여다보지 않고서는 무엇 때문에 내가 화가 나 있고, 무엇 때문에 슬퍼하는지 나조차 알지 못한다. 어느 날 외출하고 돌아온 사이 내 방의 물건이 조금 흐트러져 있었다.

"엄마, 누가 내 방에 들어왔었어?"
"응. 아까 오후에 ○○이가 다녀갔었어. 피아노 치겠다고 해서 들어갔 었어."

그때 나의 노트에 낙서를 발견했다. 친척들이 놀러 왔었고 조카들이 그림을 그리겠다고 빈 노트를 찾아 그림을 그렸던 것이다.

"엄마, 내 방에 물건 함부로 만지게 하면 어떡해. 여기에 낙서하면 안 되는 건데."

그날 엄마를 원망을 하며 짜증을 내버렸다. 스케줄 일정과 계획표가 있고, 메모들을 적어두던 노트였다. 거기에 낙서가 되어 있는 것을 보니 순간 짜증이 밀려왔던 것이다. 사실 그 노트는 별로 중요한 노트가 아니었고, 평소 조카가 놀러와서 내 방에서 놀았듯이 낙서도 문제 될 일은 아니었다. 하지만 그날은 유독 문제였다.

그때의 나는 마음이 쫓기고 있던 상태였다. 준비하고 있는 일도 잘 풀리지 않았고, 당장 눈앞에 처리해야 할 문제들로 예민해져 있었다. 쌓인 스트레스로 그날의 감정이 폭발해버렸고 괜한 것에 감정을 풀고 있었다. 나의 물건이 흐트러져 있는 모습과 낙서가 된 노트가 마치 그것이 나의 일을 방해를 하고 있는 것처럼 느껴졌다. 낙서가 되어 있는 연습장이 갑자기 중요한 노트로 둔갑해버린 건 나도 모르게 일이 안 풀리는 핑계를 찾고 있는 건지도 모른다. 자신의 상태를 알지 못하면 자신도 이해하지 못하는 행동을 하게 되어버린다. 화가 나고 있는 문제가 사실은 그것 때문이 아닌데도 그것 때문에 화가 난 것이라고 착각을 한다. 그러다 보면 주변 사람들에게는 예민하고 까칠한 사람이 되고 만다.

감정의 근본적인 원인이 무엇인지 깨닫게 된 것은 그때그때의 나에게 관심을 가져야 가능한 일이다. 왜 내가 쉽게 화가 나 있는지. 왜 우울한지는 사실 지금 당장의 문제로 인해서 생긴 일이 아니다. 그동안 무심하게 지나쳐버린 감정들은 자신도 모르게 쌓여 어느 순간 엉뚱한 곳에서 터져버리는 난감한 상황이었다. 그래서 우리는 매일 자신의 감정을 마주해야 한다.

물건들을 정리하다가 초등학교 때 썼던 일기장을 발견했다. 하루하루의 일상을 적어둔 것을 보면서 그때의 감정들이 떠올랐다. 어쩌면 그때가 나를 잘 알았던 시기였던 것 같다. 그때의 행복함과 속상함을 일일이 기록해둔 것을 보면 나는 이미 나와 마주했던 방법을 알고 있었던 것이다.

그래서 나는 그 일을 다시 시작하고 있다. 매일 오늘 하루는 어땠는지 나에게 안부를 묻고 오늘 하루의 일상과 감정에 대해 나에게 답한다. 그리고 나에게 위로와 격려를 아끼지 않는다. 누구보다도 관심이 필요한 나를 응원해주며 힘을 얻는다. 자신 스스로에게 안부를 전한다는 건 마음을 달래는 데 상당히 효과적이다. 상대에게 보이지 못하는 마음까지 더 잘 헤아려줄 수 있는 사람은 바로 자기 자신일 테니까.

8

잠시 물러서면 보인다

여태껏 알고 지낸 상대에게서 그동안 보지 못했던 다른 이면을 보기도 하고, 아무리 생각을 하고 애써도 풀리지 않았던 답이 시간이 지나고 나서야 불현듯 생각이 떠올라 일이 순조롭게 진행이 되는 날도 있었다. 당장 무엇인가를 진행해야 하는 어려움으로 늘 답답해할 때 포기하지 않아도 된다는 것을 알게 된 건 한 걸음 물러서고 나서부터였다.

시간이 지나면서 생각과 감정들도 따라서 변해간다. 화가 났던 감정들이 분노가 되어 상대를 미워하며 지내다 보면 이내 아픈 상처를 들춰내며 슬픔에 젖는다. 그렇게 슬픔을 겪고 나서 상대에 대한 분노는 점차 누그러들고 어느덧 그 사람도 그 입장에서는 어쩔 수 없었을 것이라고 이해할 수 있게 된 순간 몹시 화를 냈던 일이 미안해진다. 용납할 수 없었던 일이 미안한 감정으로 바뀌고 나서 뒤늦은 후회가 들 때는 나 스스로 당황스럽기도 하고 한편으로는 적절하지 못했던 나의 태도에 자책도 하게 된다.

"미안해. 그때 내가 경솔했어."
"아니야. 네가 틀린 말 한 것도 아닌데."

옳고 그름을 이성적으로 따지고 들다 보면 상대가 느낄 기분과 처지를 고려하지 않았던 감정적인 부분을 놓치는 실수를 하고 만다. 그 순간에 결정과 행동을 조금만 늦추었더라면 그 뒤에 일어날 일까지 충분히 생각할 수 있었을 것이다. 그러나 나는 언제나 그 시간을 허락하지 않았고, 이미 돌이킬 수 없는 시간을 후회했고 현명한 사람이 되고 싶었던 바람역시 실패로 돌아가버렸다.

서로가 믿었던 만큼이나 단단했던 사이가 깨지기도 하고, 기대했던 상대의 모습에서 좌절을 느끼기도 한다. 늘 가까이서 서로를 봐오던 관계일수록 마음을 더 잘 알지 못하는 일들도 많았다. 어쩌면 곁에 있기 때문에 상대를 다 알 것이라는 착각에 상대를 더 깊이 들여다보지 못한 것인지도 모른다.

사람과의 관계처럼 어떤 일을 결정하고 선택하는 순간도 마찬가지였다. 눈앞에 놓여 있는 선택의 기로에서 두 번 다시 오지 않을 기회라는 달콤한 말은 사람의 심리를 초조하게 만든다.

누군가의 감언이설에 넘어가는 바보는 아니라고 자부했지만 나 역시 사탕발림의 달달함에 속절없이 당하기도 하고, 상대를 신뢰한다는 마음으로 이익을 따져보지도 않고 제안을 받아들이고 더 나은 기회를 놓쳐버리기도 했다. 매 순간 올바른 선택을 하기 위해 노력하지만 가끔은 당장 눈앞에 보이는 짧은 판단으로 기회를 놓치기도 하고 손해를 보기도 한다.

나는 이런 삶에 지치면 모든 것이 싫어지는 순간에 도망치듯 세상에서 빠져나와 아무 생각 없이 홀로 지내는 방법을 찾았다. 하지만 이제 그것이 더 이상 좋은 해결책이 될 수 없다는 것을 알게 되었다. 잠시 찾아오는 마음의 평온함은 금세 외로움으로 바뀌었고, 숨 막히게 답답했던 일상의 기억도 그리움으로 변해갔다.

지금 당장 하지 않으면 큰일 나는 일들이 얼마나 될까? 사실 그러한 순간은 그리 많지 않았다. 오히려 당장 해야 하는 것이라고 명령하는 나의 마음이었을 것이다. 그런 마음은 모든 것이 지나고 나서 후회를 남겼다. 지금 필요한 건 잠시 물러서서 바라볼 수 있는 시간을 주는 것이었다.

인생은 내가 알고 있는 것이 다가 아니라는 것을 일깨워주기도 한다. 어딘가에 숨겨놓은 보물처럼 그것을 발견할 수 있게 기회를 준다. 고맙게도 나는 그것으로 조금씩 세상을 살아가는 법을 터득해가고 있다.

“어! 너 여기 웬일이야?”
“일이 있어서 왔어.”
“여기서 이렇게 보니까 다른 사람 같다. 전혀 몰라보겠는걸?”

우리의 인생처럼 늘 가까이 있던 상대도 어느 날 낯선 곳에서 우연히 만나게 되었을 때 전혀 다른 낯선 사람으로 느껴질 때가 있다. 늘 같은 공간에서 특별할 것 없는 일상의 대화에서 새로운 면을 접해볼 일이 거의 없었을 것이다. '얘한테 이런 면이 있었나?'라는 생각이 들 정도로 관계에서 상대에 따라, 자신이 서 있는 위치에 따라 모습은 달라진다. 그래서 가깝기 때문에 상대를 잘 알고 있다는 생각은 틀렸다. 어쩌면 내가 모르고 있는 것이 더 많을지도 모른다. 그렇게 새로움은 조금 멀리 떨어져 있을 때 좀 더 특별함으로 다가온다.

지금보다 조금 더 멀리 바라볼 수 있는 시선은 고정적인 생각의 틀에서 벗어나게 해주었다. 세상은 얼마든지 변할 수 있다는 것을 말이다. 오랫동안 빠져나오지 못할 것 같은 어둡고 긴 터널도 언젠가는 빠져나올 수 있듯이 지금 당장 힘든 일도 언젠가는 웃을 수 있게 될 날이 올 것이라는 확신이다. 그래서 인생의 막다른 길에서도 포기할 수 없는 건 희망을 볼 수 있는 믿음이 있기 때문이다. 희망의 믿음은 기다림이라는 것을 나에게 선물해주었다. 예전에는 상대가 보여준 마음의 한쪽 면만 보고 오해했고 상처를 받았다. 하지만 기다림은 그 사람의 보이지 않았던 반대편의 마음까지도 들여다볼 수 있게 했다. 우리의 마음 또한 언제나 드러내는 것이 다가 아님을 알게 되었다.

나 역시 진짜 속마음을 꺼내지 못하고 상대에게 진심을 제대로 전달하지 못해 아파하고 안타까워한 일들도 많지 않았던가. 기다림은 그렇게 서로 조금 더 진지한 모습으로 다가갈 수 있게 했고, 나 스스로 더 이상 압박하지 않을 수 있게 되었다.

높은 곳에서 한눈에 내려다보는 세상은 너무나 아름답다. 정작 그 안에서는 모르고 살아왔던 시간들이었다. 그 시간은 지나고 나서야 행복했던 순간의 추억이 되었다. 가까이 있을 때보다 오히려 멀리 떨어져 있을 때 보이는 것처럼 지금껏 걸어온 우리의 삶이 얼마나 소중하고 아름다운 것인가를 인생의 끝자락에서 깨닫게 될지도 모른다.

하지만 지금 잠시 물러서서 우리의 주변을 바라본다면 그것이 얼마나 소중하고 감사한 일인지 새삼 느끼게 될 것이다. 우리가 바라보는 산이 아름다울 수 있는 건 여러 종류의 나무와 꽃들이 그 속에서 함께 어우러져 있기 때문이다. 우리도 각자 자신만의 색깔로 살아갈 때 멀리서 바라보면 그 모습이 더 아름다울 것이다.

5 장

인생의 모든 문제는
결국 **감정 문제**다

1

감정은 강물처럼 흐른다

"어머, 여기가 이렇게 변했네."

"그렇지. 벌써 10년이 지났으니까."

먼지가 날리던 비포장도로는 반듯하게 정비된 예쁜 길이 되어 있었고, 나무와 갈대가 운치를 더했던 곳에는 멋진 커피숍이 들어 서 있었다. 사람의 발길이 닿지 않았던 곳이 제법 많은 사람들이 찾는 곳이 되어 있었다. 그곳에선 더 이상 추억의 흔적을 찾을 수는 없었다.

세월은 그곳의 모든 것을 변하게 했다. 그리고 그 시간만큼이나 지금의 나도 달라져 있었다.

대학을 졸업하고 사회에 첫걸음을 내디뎠을 때 새로운 각오와 설렘으로 가득했었다. 새로운 낯선 사회생활의 시작은 나를 낮추며 배우는 것에 노력하는 것이었다. 그래서 나는 선임이나 상사의 말에 더욱더 신뢰하고 따랐으며 그들도 나에게 많은 도움을 줄 것이라고 믿었다. 하지만 나는 조금씩 지쳐가기 시작했다. 일이 고된 것보다 여러 사람과 얽혀 있는 관계에서 상처를 받았고 그들의 마음을 도무지 이해할 수가 없었다. 말 한마디는 어디선가 눈덩이처럼 부풀려 있었고, 내가 알지 못하는 나의 이야기들이 도마 위에 올라가 있었다. 그때부터 나는 직장 내에서 가족 같은 관계를 기대해서는 안 된다는 것을 깨닫기 시작했다.

첫 직장에서 벗어나서는 나와 잘 맞는 곳을 찾기 원했다. 잘 갖춰진 시스템에서 나의 일에 집중할 수 있는 업무 환경이라면 괜찮을 것이라 생각했다. 하지만 일을 거듭할수록 서로를 견제해야 하는 구조와 서로 다른 가치관은 관계를 형성하는 데 어려운 현실이라는 사실을 받아들여야만 했다.

녹록지 않은 사회생활에서 더 힘들었던 건 나의 한계를 느낄 때였다. 내가 맡은 일에 묵묵히 최선을 다하다 보면 언젠가는 보상을 받게 될 것이라고 생각했다. 그러나 보상은 실력보다 자신을 더 드러낼 수 있는 사람에게 돌아갔다. 그때부터 사내 정치가 무엇인지를 실감하면서 그동안의 나의 노력이 허무해져버렸고 그런 직장 생활에 회의를 느끼며 깊은 고민에 빠지기도 했다. 하지만 그동안의 직장 생활의 경험들은 나를 단련시켰다. 넘어지고 아파해도 그 누구도 나를 일으켜 세워주거나 날아오는 화살을 대신 막아주는 이도 없다는 사실을 깨달았다. 자신의 길을 닦으며 걸어가는 길에 누군가가 오물을 투척했다고 해서 분노로 잠을 이루지 못하는 건 자신에게 손해일 뿐이었다. 지금 나에게 부족한 부분을 빨리 인정하고 나의 능력을 키워 그와 같은 일을 두번 다시 당하지 않도록 신경을 써야 하는 것이 훨씬 더 나은 이득이었다. 나와 맞지 않는 사람까지 포용하면서 괜한 스트레스를 받을 필요도 없었다. 상대와 일적인 것에 그 이상을 기대하지 말고 공의 관계를 유지하면서 일만 제대로 성사시키면 그만이다.

직장에서의 나쁜 사람과 착한 사람의 기준은 자신에게 방해가 되지 않는 사람이었다. 그러나 이제는 아군과 적군은 언제나 영원하지 않다는 것을 잘 안다. 자신의 이익을 위해서는 언제든지 적군으로 돌아설 수 있는 경쟁 사회이기 때문이다. 그런 사회의 구조를 잘 이해하고 나니 지금의 인간관계도 충분히 이해할 수 있게 되었다.

항상 부딪혀야 하는 직장 생활에 늘 가시밭길만 있는 것은 아니었다. 그 속에서 조금씩 성장할 수 있는 기회를 얻을 수 있었던 공간이기도 했다. 존중받고 싶은 만큼 상대 또한 존중해주어야 한다는 법을 배웠으며 자신의 위치에서 교만을 경계해야 하고, 모든 행동에 책임감이 따른다는 것을 알게 했다. 더욱이 모든 일을 혼자서는 완벽하게 이룰 수 없다는 것, 주변 사람들과 부대끼면서 서로 맞춰가며 노력할 때에 더 완벽해질 수 있다는 깨달음을 얻었다.

한때는 작은 감정에도 흔들리는 나였다. 지난 세월 넘어지고 일어서기를 반복하면서 나를 알아갈 수 있었고 세상이 돌아가는 이치도 어느 정도 깨닫게 되었다. 그 사이에 나 자신을 지탱할 수 있는 단단한 마음을 키웠다.

어느 날 오래전에 함께 일했던 직장 동료에게 연락이 왔다.

"요즘 어떻게 지내고 있어? 얼굴 한번 보자."

몇 해 전에 함께 일을 했던 선임이었다. 그 당시에는 서로 다른 가치관으로 부딪히는 일이 빈번했고 급기야 감정까지 틀어졌던 사이가 되었다. 각자의 위치에서 바라보는 것이 달랐고 이해할 수 없었던 것만큼 보이지 않는 마음의 거리를 두고 있었다. 며칠 후 우리는 오랜만에 만나게 되었다.

"우리 회사에 올래?"

그녀는 자기와 함께 일하는 것이 어떻겠냐고 제안했다.

"지금 일하고 있어서 당장은 어려울 것 같아요. 그만두게 되면 생각해 볼게요. 근데 나랑 일할 때 잘 안 맞지 않았어요?"

서로 얼굴을 붉히며 일했던 사이였기에 다시 함께 일하자고 제안하는 것이 의아했다.

"그때는 개인적인 문제였고 일은 다른 거니까."

그녀는 아무 문제가 없다는 듯 쿨하게 답했다. 그녀의 장점은 언제나 솔직하고 똑 부러지는 것이었다. 그 당시에도 그녀와 감정적으로 틀어진 부분은 있었지만 한편으로 멋지다고 생각하고 있었던 건 이런 그녀의 당당한 모습이었다.

서로를 원망하고 미워했지만 이제는 그때를 떠올리며 웃으며 이야기 할 수 있게 되었고 서로의 마음을 이해할 수 있었다. 잊을 수 없을 것 같았던 감정들은 시간과 함께 사라졌고 영원히 적일 것 같은 상대는 이제는 서로를 응원해주는 사이가 되었다. 한없이 미워했던 마음만큼 그때 이해하지 못해서 미안하고, 앞이 막혀 있어 답답했던 괴로움은 그것을 뛰어넘은 뿌듯함으로 남겨져 있다. 항상 그 자리에 머물 것 같았던 마음은 강물처럼 흘러가고 있었다.

먼 길을 걸을 때는 가다 멈추고를 반복하고 때로는 쉬어가야 한다. 혹 누군가 나를 앞질러 갈 때는 자신만의 시간에 멈춰 있는 거 같아 불안해하기도 하고 그 시간을 아까워했다. 하지만 이제는 그 시간이 더 이상 의미가 없는 시간이 아니라는 것을 안다. 지난 세월 겪었던 경험은 모두 지금의 나를 있게 한 소중한 순간이다.

강물이 흘러 바다로 향하듯 우리도 나가야 할 목적지를 향해 강물처럼 쉼 없이 흘러가고 있다. 지금의 나 자신을 만들어온 지난날의 기억을 하나씩 떠올려보자. 그때의 기억이 아픔으로 남아 있다면 지금의 자신을 다시 한 번 바라보자. 자신이 서 있는 이 길은 그때의 아픔이 있었기 때문에 있는 것이다. 아픔을 묻어두는 것은 현명한 방법이 아니다. 강물처럼 흘려보낼 수 있는 마음은 머지않아 당신을 웃게 할 것이다.

당신을 믿어라, 세상이 달라진다

자신을 평가한다면 당신은 과연 스스로에게 몇 점을 주겠는가? 누구보다도 자신의 부족한 부분을 잘 알기 때문일까? 그로 인해 자신이 가지고 있는 장점을 바라보지 못하고 콤플렉스에 갇혀 살다 보면 자신에 대한 평가는 저조해질 수밖에 없다. 그래서 남들을 평가할 때보다 자신 스스로에게는 기준이 까다로워지고 점수는 야박해지기도 한다.

자신에 대한 평가가 낮을수록 자신감은 떨어지게 된다. 그런 마음은 당신이 살아가는 동안 결코 도움이 될 수 없다. 당신의 삶이 지금보다 더 찬란해질 수 있을 것인가, 아니면 항상 그 자리에 머물러 있을 것인가는 나 스스로를 어떻게 바라보느냐에 달려 있다.

정신없이 직장 생활을 하다가 어느덧 30대 중반을 훌쩍 넘겨버린 A. 나이가 들어갈수록 집안에서도 결혼 압박은 더해갔다. 그녀는 자신 혼자 살아가는 것도 버거운 일에 가정을 꾸리고 살아갈 생각에 엄두가 나지 않았다. 그녀의 목표는 빨리 돈을 더 모아서 홀로 멋지게 자신만의 삶을 그려가는 것이었다. 그러다가 그녀에게 한계가 오기 시작했다. 그때 처음으로 자신도 누군가에게 기대고 싶어졌고, 이러다 더 나이가 들면 누군가를 만나는 게 더 어려워질지도 모른다는 불안감이 들었다. 이제 그녀는 결혼을 생각하고 있다. 하지만 그녀는 결혼보다 자신을 잃어버린 난관에 부딪혔다.

"나 얼마 전에 소개팅 받았어."

"그래? 어떤 사람인데?"

"나보다 나이는 한 살 더 많고 얘기를 잘 들어주고 매너도 좋고."

"잘돼가는 거야? 마음에 들어?"

"응. 근데 나 괜히 만나기가 부담스러워."

"아니. 왜?"

"내가 나이 많은 것도 눈치 보이고, 집안도 남자 쪽이 훨씬 좋아서 우리 집과 비교되고, 모든 면에서 나보다 더 나아보여서 괜히 내가 주눅 들어. 만날 때도 자꾸 집에 바래다 준다는 거 그냥 됐다 하고 나 혼자 집에 왔거든. 괜히 부담 주는 거 같아서."

그녀는 자신을 위해 최선을 다해 살아왔다. 비록 집안이 풍족했던 것은 아니었지만 대학을 졸업하고 회사 생활을 하면서 다른 쪽으로 목표를 정하게 되었을 때 다시 공부를 시작하여 새로운 직업에 도전했고 그 자리에서도 멋지게 해냈다. 그런 그녀가 상대의 조건이 좋을수록 부담스럽다며 매번 상대의 애프터 신청을 거절을 하고 있었다. 누구보다도 자신에 대해 자부심을 가져야 할 그녀가 스스로를 부족하다고 느끼는 것이 안타까웠다.

나는 그녀가 자신에게 자신감을 갖기를 바랐다. 그녀가 말하고 있는 단점은 어디까지나 그녀에게만 보이는 것에 지나지 않는다. 자신의 직업을 바꾸는 것이 쉬운 일이 아닌데도 그녀는 과감히 도전하여 꿈을 이루었고, 누구한테도 기대지 않고 스스로 이뤄 낸 일이 대단한데도 넉넉하지 않은 가정환경이라는 콤플렉스로 자신이 이루어놓은 커리어를 모두 덮어놓고 있는 것이 아닌가. 누구에게나 감추고 싶은 부분이나 콤플렉스 하나쯤은 있다. 그러나 그것에 제약을 두고 살아간다면 자신이 꿈꾸는 미래 역시 마음껏 그려나갈 수는 없을 것이다.

늘 밝고 사람들과 어울리기 좋아하며 동시에 자기 자신을 무척 사랑한 B가 있었다. 그녀는 하고 싶은 것들에 대한 꿈들이 많았다. 의욕만큼이나 항상 적극적이었고 도전적이었으며 누구를 만나더라도 기죽지 않고 당당했다. 그런 그녀는 어디서나 빛이 났다.

언젠가 퇴근 후 술자리에서 그녀는 자신의 이야기를 꺼냈다.

"난 사실 아버지가 있는 집이 부러웠어. 어렸을 때 아버지가 일찍 돌아가셨거든."
"그랬구나."
"그래서 든든한 남자가 좋더라고. 아빠같이."

그녀에게 그런 아픔이 있었는지는 생각하지 못했다. 넉넉하지 않은 가정형편이라는 것도 처음 알았다. 겉으로 보였던 그녀의 밝은 모습에 부족할 것 없이 사랑을 듬뿍 받고 살았을 것이라고 생각했다. 그녀는 자신의 환경의 대해 전혀 주눅 들어 하거나 그것으로 자신의 삶에 걸림돌이 된다고 여기지 않았다. 오히려 그 반대로 자신을 만드는 것에 더 노력했고 자신의 자존감을 높여갔다. 이제 그녀는 자신이 원하는 대로 멋진 상대를 만나 자신의 이상적인 삶을 그려가고 있는 중이다.

자신에게 주는 무게감에 따라서 행동과 생각이 달라질 수 있다. 자신에게 높은 점수를 주는 사람일수록 어디서나 당당하게 거리낌 없이 자신을 드러낸다. 그렇기 때문에 그들은 더 많은 사람들을 접하게 되고 더 많은 기회를 얻을 수 있다. 자신감을 표현하는 그들에게 시선이 더 끌릴 수밖에 없다.

A의 미래는 무궁무진하다. 그러나 그녀는 자신의 한계를 스스로 정해두고 자신을 낮추었다. 겸손은 남을 존중하는 마음으로 자신을 드러내지 않은 태도이다. 하지만 그녀는 겸손이 아닌 스스로 자신의 그릇을 작게 만들고 있었다. 담아야 할 것이 많은 그녀인데도 말이다.

A와 B는 둘 다 가정환경이 넉넉하지 못한 건 사실이다. 그러나 이 둘의 차이는 그 사실을 바라보는 태도이다. A에게 온 사랑 역시 있는 그대로의 그녀에게 이끌려 다가가려고 했을 것이다. 그러나 그녀는 자신의

모습에 상대가 실망할 것이 두려워 매번 밀어내고 있었다. 자신감과 함께 자신의 사랑도 잃어버리고 있었다. 스스로의 장벽을 빠져나와 자신감을 키워나가지 못한 것이었다.

나도 한때는 나를 믿지 못할 때가 많았다. 누구보다도 나약함을 잘 알았기 때문에 어떤 결정을 하는 것에서도 나는 끝까지 할 수 없을 거라 지레 겁을 먹고 포기했다. 그러한 생각은 나를 그런 사람으로 완전히 굳혀버렸다.

과정이 힘들다고 자신과 적당히 타협하고 회피하던 일들은 나 스스로에게도 떳떳하지 못한 일이었다. 그런 일들을 반복하면 할수록 습관이 되어버렸고 나 자신을 믿지 못하게 만들어버렸다. 그러나 생각을 바꾼 후로는 나도 무엇이든 마음을 먹으면 할 수 있다고 나를 믿어보기로 했다. 믿는 대로 행동도 따라 움직인다는 것을 알았다. 그것이 행동이 될 때 결과는 눈으로 보이기 시작했다.

모든 것은 당신을 믿는 것에서 출발한다. 할 수 있는 것과 할 수 없는 것은 따로 있는 게 아니다. 할 수 있다고 믿으면 할 수 있는 것이고, 할 수 없다고 믿으면 할 수 없는 것이다. 당신을 막고 있는 열등감과 부정적인 생각부터 날려버리자. 그리고 현재 자신이 간절히 바라는 것을 생각하자. 그 꿈을 이룬 당신의 모습을 상상하면 되는 것이다. 세상은 받을 준비가 된 당신에게 선물을 준다. 그러므로 당신을 믿어라. 세상이 달라진다.

3

내 마음의 주인은 자기 자신이다

"넌 나중에 엄마 죽고 나서 땅을 치고 후회할 거야." 오늘도 엄마의 잔소리에 짜증을 부렸더니 엄마의 단골처럼 나온 말이다. 뒤돌아서면 그 말이 진짜로 후회하게 될까 봐 무섭기도 하고 협박하는 엄마가 짜증나기까지 한다. 말이라도 부드럽게 해야겠다고 다짐하지만 순간의 짜증을 감추지를 못하고 불쑥불쑥 퉁명스러운 말투가 튀어나온다. 돌아서고 금세 미안한 마음이 들었지만 마음과 다르게 선뜻 잘못을 시인하지 못하고 무심하게 행동해버린다.

나는 마음과 행동이 반대로 될 때가 많았다. 화가 나 있으면서도 화나지 않은 척, 싫으면서도 싫지 않은 척, 서운하면서도 괜찮은 척, 그리고 지금처럼 미안해하지만 전혀 미안하지 않은 척을 한다. 남들에게 상처를 줄까 봐 나의 마음과 달리 아무렇지 않은 척할 때도 있었지만 오히려 상처를 주기 위한 것도 있었다. 가끔 나의 이기적인 모습에 나 스스로 오기로 똘똘 뭉쳐 있음을 느낀다. 무엇이 나를 이렇게 만들고 있었던 걸까.

지나고 보면 나는 불만족을 느끼고 있을 때가 많았다. 회사에서의 스트레스가 집에서까지 연장이 되는 기분이었다. 가는 곳마다 나의 역할에 기대하는 것들에 대한 불만이 자리 잡고 있었다. 당연한 일인데도 당연하지 않은 것 같은 생각은 '왜 나한테 이런 것까지 요구하는 거야?'라는 마음으로 이어져 나를 괴롭혔다. 생활에 지쳐서 예민해진 것이라고 성격을 탓하며 나 스스로에게 쉬는 시간을 주지만 나의 마음은 달라지지 않았다.

누군가는 나를 착한 사람이라고 말하고 또 다른 사람들은 나를 이기적인 사람이라고 말한다. 나를 나쁘게 평가하는 사람일수록 그들은 나와 아주 가까운 관계였다. 서로 더 기대하는 것이 많았던 관계이기에 자주 마찰을 빚을 수밖에 없었던 그들에게 아닌 척을 하며 내 안의 오기로 단단히 무장하고 있었던 것이다. 그리고 내가 오기를 발동한 것 역시 그들에게 불만으로 자리 잡고 있었다.

서로를 향한 기대와 바람은 당연한 것이기도 하고 한편으로는 행복한 일이기도 하다. 하지만 그 기대를 저버린 나를 보고 상대방이 느끼는 실망감도 크겠지만 그 기대를 충족시키지 못한 자신 역시 죄책감과 좌절감에 아픈 것은 마찬가지다. 그렇다 보니 자신은 늘 부족한 사람이고 어차피 그들의 기대를 충족시킬 수 없는 사람이라고 비뚤어진 행동을 하고 있었던 것이다.

뒤늦게 다른 일에 눈을 돌려 잠시 무엇인가를 해보려 했을 때 주변에서 걱정들이 많았다. 나 역시 걱정되기도 했지만 더 늦기 전에 도전하고 싶었다. 그래서 그런 걱정을 끼치는 것에 대한 미안함이 가족에게 컸다.

그러다 어느 날, 아빠와 마주친 날이었다.

"아빠, 걱정 끼쳐드려 죄송해요."
"무슨 소리야. 아빠는 우리 딸이 잘해낼 거라 믿어. 여태껏 잘해왔잖아. 아빠는 걱정 안 해."

아빠는 그렇게 날 응원하고 계셨다. 가끔은 원망스럽고 서럽게 한 존재가 가족이기도 하지만, 말 한마디로 힘을 얻게 해주는 상대 역시 가족이었다. 나는 그날 가족에게 고맙고 미안했다.

어린아이처럼 자신을 알아봐주기를 기다리는 마음이었다. 그런 마음을 알아줄 때까지 어린아이 마냥 투정을 부리고 있는 동안 얼마나 주변 사람들을 괴롭히고 있었던 걸까. 잠시 스스로를 바라보면서 주변 사람들을 생각해보면 그들 역시도 힘들고 아프다는 것을 깨닫게 된다. 사랑하는 사람에게 아픔을 줄 수 없어서 하고 싶은 말도 참아야 했고, 실망시키고 싶지 않아서 선의의 거짓말도 해야 했고, 때론 상대에게 상처를 받고서도 애써 혼자 삼켜야 했을 것이다. 그들이 왜 나에게 이기적인 사람이라고 말을 했는지, 그렇게 말하는 그들의 마음을 몰라주는 나 역시도 마찬가지였다.

남들에게 인정을 받지 못했다고 여겨질 때는 나의 마음과 다르게 잘못된 길로 가려고 했다. 자신의 억울한 감정을 풀기 위한 행동이 상대에게 복수를 하는 것이라고 여기면서 말이다. 그러나 그것은 서로에게 깊은 상처를 남길 뿐이었다.

나의 마음을 내 스스로가 괴롭히고 있었다. 누군가 치료해주길 바라던 것처럼 왜 나를 몰라주는지 야속하기만 했다. 그러나 이제 그 마음을 상대가 치료해줄 수 없다는 것을 안다. 내 마음을 다스릴 수 있는 건 오직 나 자신 뿐이기 때문이다.

우리의 삶은 자신 스스로가 선택하고 책임을 진다. 그 선택이 틀렸다고 하더라도 그것을 감당할 수 있는 것도 내 몫이어야 한다. 누구나 아픔을 겪는다. 이제 우리는 적어도 성숙한 어른으로서 피하지 말고 받아들이며 충분히 아파할 수 있어야 한다. 지금껏 그 아픔을 성숙하지 못한 자세로 주변 사람들에게 거칠게 표현하고 있었다.

늘 불만족이었던 삶 역시 나 스스로 만든 일이었다. 작은 문제 하나를 문제 삼다 보면 어느새 큰 문제로 변해버린 일들이 많았다. 그 문제가 대체 어디에서 온 것인지 주변을 탓하다 보면 남들에게 불만일 수밖에 없었다. 불행을 스스로 자초하고 그러다가 자기 덫에 걸려 아파하는 삶을 계속 되풀이할 수는 없다.

행복한 사람들은 그들의 일이 알아서 잘 풀려서 운이 좋았거나 아니면 그들의 환경이 특별히 좋아서가 아니다. 그들은 스스로 행복을 만들어가는 것이다. 어린아이가 엄마와 함께 있어서 행복하다고 말하고, 엄마는 아이가 아프지 않고 건강하게 자라줘서 더 없이 행복하다고 말한다. 자신이 마음만 있다면 얼마든지 행복을 만들 수 있다.

언제나 내가 원하는 대로 살았던 것처럼 나의 마음도 원하는 대로 이끌어 낼 수 있어야 한다. 독립적인 마음은 자신을 더욱더 강하게 만든다. 누군가에게 의존해서 홀로 남겨질 때 불안해하던 그 시절을 벗어나 자신이 느끼는 감정 하나하나 다룰 수 있을 때에 조그만 감정 하나에도 흔들리지 않게 하는 것이다.

자신의 마음을 가꾸는 것은 이제 당신에게 달려 있다. 당신이 원하는 것을 얼마든지 심을 수 있다. 자신을 사랑하는 만큼 정성을 들여 가꾸어 보자. 아무리 해충이 당신의 마음을 갉아먹으려고 해도 매일 가꾸는 당신은 자신을 지켜낼 수 있을 것이다. 늘 태양이 뜬다고 해서 당신이 행복해질 수 있는 것도 아니다. 가끔은 비도 와야 목마른 당신을 적셔줄 수 있다. 세상의 모든 것은 당신 것이다. 그리고 그런 것으로 아름답게 자신의 마음을 가꾸는 일도 어디까지나 당신 몫이다.

4

상처는 자신 스스로 만든다

"나 상처받았어."

이런 말을 들어보거나 해본 적이 있는가? 누군가에게 일부러 상처를 주려 하거나 상대 역시 당신에게 상처를 주려고 한 일이 아닌데도 우리는 곧잘 상처를 입히기도 하고 받기도 한다. 행복하기를 바라면서도 그 행복이 쉽게 오지 않는 건 우리 주변에 그런 일이 너무나 많이 일어나기 때문일 것이다. 상처 없이 살아가는 것은 과연 어려운 일일까?

감정 기복이 심한 A가 있다. 그녀는 평소에는 밝고 유머러스한 성격에 친근하게 다가오는 성격이기도 하지만 작은 일에도 금세 기분이 가라앉아 표정에 다 드러나곤 한다. 그런 그녀가 급기야 일하는 중간에 조퇴를 하고 나가버린 일도 있었다. 그 역시도 자신의 감정을 추스르지 못해 벌인 일이었다.

하루는 A가 고민을 이야기한 적이 있다.

"B 때문에 기분이 나빠요."

"왜 둘이 무슨 일 있었어요?"

"아무래도 제가 일이 처음이다 보니까 모르는 게 있어서 물어보는데 그것도 모르냐는 식으로 무시하잖아요."

A는 새로 들어온 신입이었다. 그래서 모르는 것들이 많을 수밖에 없었을 것이다. 그런 그녀는 자신과 비슷한 또래의 B에게 많은 것을 물어보았다.

한편 B의 입장은 이러했다. 자신이 A에게 가르쳐줬던 일인데 A는 항상 새롭다는 듯이 모르고 있는 게 많다는 것이었다. 그날도 분명히 가르쳐 준 것이었는데 너무나 당연하다는 듯이 물어봐서 짜증이 났다고 한다. B 역시 A로 인해 많은 스트레스를 받고 있었다. B는 A의 그런 부분을 마음에 들어 하지 않았지만 자신의 일에 크게 동요하지 않았다. 그러나 A는 자신이 무시받고 있다는 생각에 일마저 뒤로하고 구석에 앉아 울분을 삭히고 있었다.

똑같이 서로에게 실망한 일에 두 사람의 마음과 태도는 사뭇 달랐다. B역시 A에게 좋지 않은 감정을 갖고 있었고, 자신을 냉정하고 못된 사람으로 만들었다는 것에 기분이 나쁘긴 했지만 자신은 절대 그런 의도를 갖고 대했던 것이 아니므로 더 이상 신경을 쓰지 않았다. 그저 어이가 없다는 상황으로 넘겨버렸기 때문에 일까지 감정이 번지지 않았다. 그러나 A는 B가 제대로 가르쳐주지 않고 자신을 무시하고 있다 여기고 기분 나쁜 감정 속에서 빠져나오지 못했다.

상처는 자신의 내면이 단단하지 못할 때 더 쉽게 받는다. 자신이 아픈 이유를 자신이 아닌 상대에게 원인을 찾는다. 그렇게 상처를 준 사람을 원망하고 미워하면서 자신은 피해자가 되어 사람들에게 하소연한다. 그렇게 주변 사람들이 자신의 편이 되어주길 바라고 자신에게 상처를 입힌 사람이 잘못했다는 인정을 받으면서 상처를 극복하려 한다. 하지만 자신을 굳게 다져놓은 사람은 문제를 자신에게 가둬두지 않는다. 문제를 마주하고 옳고 그름을 판단하며 해결 방법을 찾는다.

상처는 상대와 겪은 다툼이나 문제를 어떻게 받아들이느냐에 따라 달라진다. 문제는 어디까지나 문제일 뿐이다. 그 문제로 서로 감정이 격해져서 공격하게 되더라도 그건 그 사람의 생각일 뿐이다. 당신에게 퍼붓는 비난은 사실이 아니지 않는가. 사실이 아닌 격한 감정으로 오고 간 말에 자신을 아프게 할 필요는 없다.

B는 A를 무시한다고 말한 적은 없다. 서로의 감정으로 A의 마음이 그렇게 느꼈을 뿐이다. 설령 B가 그런 마음이었다고 하더라도 그건 어디까지나 B의 생각일 뿐이다.

어쩌면 A는 자신을 무시하고 하찮게 여기기 때문에 자신한테 그런 말을 한 것이라고 확대 해석을 하며 스스로에게 상처를 내고 있었는지도 모른다. 그 사람이 그렇게 말한 배경이 무엇인지를 파악하고 해결하는 자세가 필요하다. 그게 아니라 상대의 잘못된 언행과 행동을 했다는 것을 문제 삼다 보면 근본적인 문제는 놓쳐버리고 엄한 자신에게 상처만

주고 만다.

지난날 우리는 상처받는 것에 아파하고 두려워했다. 작은 가시도 따끔 따끔하게 하게 느껴질 때면 온통 그 가시가 신경이 쓰여 아무 일도 못했다. 하지만 그동안의 경험으로 이제 그 가시는 쉽게 박히지 않게 되었다. 각자의 입장과 다른 환경 속에서 우리는 서로 생각이 다를 수밖에 없다는 것을 인정하고 그 안에서 당당하게 부딪히며 자신을 보호할 수 있게 된 것이다.

어느 날 가까운 동생이 결혼을 한다고 청첩장을 주기 위해 만나러 왔다.

"결혼 축하해."

"고마워. 시간 되면 꼭 와야 해!"

"사랑을 해서 그런지 얼굴이 많이 살아났네. 예전하고는 확실히 달라 보여."

"그런가? 하긴 예전에 연애할 때는 내가 남자친구 때문에 늘 우울해했었지. 그때 내가 왜 그랬는지 모르겠어."

"다행이다. 지금은 남자친구가 잘해주나 보다."

"그때는 내가 좀 의존적이었던 거 같아. 늘 서운해서 짜증도 많이 부렸거든. 근데 지금은 내가 많이 달라진 거 같아."

어린아이에 머물러 있을 때처럼 누군가에게 의존했던 마음은 작은 것 하나에도 많은 기대를 하며 살아간다. 그 마음은 상대의 말 한마디로 울고 웃게 만든다. 자신의 기분을 움직이게 하는 건 자신이 바라보고 있는 상대뿐이다. 내가 없고 상대만 있는 둘의 관계는 불완전한 미래이다. 그러나 이제 그녀는 아픔을 겪고 나서 자신을 찾을 수 있게 되었다. 그때보다 더 자신을 사랑하게 되었고 자신을 소중하게 여길 수 있는 마음으로 상대에게도 떳떳해질 수 있게 된 것이다.

그녀는 지난날의 남자친구들에게 오히려 미안하다고 말한다. 자신의 집착으로 괴롭히고 상처를 준 것에 대한 미안함이었다. 그때는 상대로 인해 자신이 상처를 입고 피해자가 된 듯한 기분에 너무 괴로워했는데, 자신을 찾고 나서는 오히려 자신이 상대를 괴롭히고 있었다는 것을 알게 된 것이다.

누군가가 당신에게 상처를 주기 위해 의도적으로 던지는 말은 받지 않으면 그만이다. 그것을 받아든 건 당신이다. 문제는 문제로만 바라볼 수 있어야 한다. 그 문제를 자신과 함께 연결하고 자신을 괴롭힌다면 문제와 당신 둘 다 놓칠 수 있다는 것을 기억하자. 어느 누구도 당신에게 상처를 줄 수 없다. 그 상처는 자신 스스로 만든 것이다.

5

진짜 당신의 인생을 살아라

어릴 때는 멋져 보이거나 좋아 보이는 것을 보면 눈길이 가고 호기심이 생겼다. 호기심은 만져보고 싶게 했고 곧 그것을 갖고 싶어 했다. 그당시 유일하게 좋아했던 물건은 주사기였다. 잔병치레가 많았던 그 시절에는 엄마와 손잡고 늘 가던 곳이 병원이었다. 주사를 맞는 건 극도로 무서워했지만 주사기를 준다고 하면 아픈 것도 꾹 참으며 주사를 맞고 집으로 가지고 왔다. 놀이터에서 다 쓴 주사기를 가지고 병원 놀이를 하는것을 좋아했다. 간호사가 되어 보는 사람마다 주사를 놔주면서 즐거워했던 기억이 난다.

살다 보면 내가 좋아하는 것이 무엇이고 관심이 무엇인지 잊고 살 때가 있다. 가끔 누군가 좋아하는 것이 뭐냐고 물어볼 때 잠시 고민을 하게 된다. 내가 좋아하는 것이 뭐였는지 나조차도 알 수 없었다. 하루하루 살아가면서 좋아하는 것에 관심을 가져보질 못했다. 마음의 여유가 없었는지도 모르지만 좋아하는 일을 일부러 찾지 않으려 했다. 하고 싶은 것이 생기고 원하게 되었을 때 현실 앞에 놓인 일들로 할 수 없게 되면 실망하게 될 테니까. 그래서 나 스스로 단념해버리고 있었는지도 모른다.

각자 생활 속에서 자신의 역할에 책임을 지고 살다 보면 나 자신보다 주변을 위해서 살아가야 할 때가 많다. 내 삶도 챙겨야 하고 내가 사랑하는 사람들도 챙기다 보면 시간과 여력이 부족해지기도 한다. 그러다 보니 내가 좋아하는 것과 하고 싶은 일들은 우선순위에서 밀려날 수밖에 없다. 그런 일은 막연한 꿈이 되고 언젠가는 그런 날들이 올 거라고 기대한다. 그러면서도 우리는 행복하다고 말한다. 너와 함께라서 행복하고, 너가 잘 살아줘서 행복하다고. 정작 자신의 삶이 행복한 이유에는 '내'가 없다.

오랜만에 친구에게 연락이 왔다.

"요즘 어떻게 지내고 있어? 시험 본다더니 잘 준비하고 있어?"

"응. 나이가 있어서 그런지 머리가 안 돌아가네. 요즘 이것 때문에 스트레스 좀 받고 있어."

"넌 그래도 네가 하고 싶은 거 다 할 수 있어서 좋잖아. 공부도 하고 싶으면 하고 여행도 갈 수도 있고. 진짜로 부러워."

"나도 너 부러워. 넌 예쁜 딸 키우고 있잖아."

"나도 결혼 전에는 내가 하고 싶은 거 다 하고 살았는데. 결혼하고 나니까 나보다 가족을 우선으로 챙기게 되더라고. 나한테 돈 쓰는 건 아까워서 못 쓰겠어. 나중에 애 다 키워놓으면 그때 나랑 함께 여행가자."

"그래. 몇 살 정도 키우면 갈 수 있어?"

"한 20살 정도?"

"뭐? 그렇게나? 그때 되면 우리 무릎 아파서 돌아다니기 힘들 수 있어."

그녀처럼 자신의 처지 때문에 아무것도 할 수 없다고 말하는 사람들이 많다. 자신도 하고 싶은 게 많지만 지금은 할 수가 없다고, 또 어떤 이는 이제 와서 하기에는 너무 늦었다고 말한다. 그때는 시간이 없어서 안 된다고 말하면서 이제는 시간이 너무 늦었다고 말하는 건 어쩌면 하고 싶지만 선뜻 용기가 나지 않아서 이런저런 핑계를 대는 것인지도 모른다.

　과연 우리가 하고 싶은 걸 할 수 있는 적당한 시기는 따로 있는 것일까? 나도 늘 생각에서만 머물러 있는 날이 많았다. 하고 싶은 마음이 있어도 그저 꿈같이 생각했고 한편으로는 딱 눈감고 해보자고 싶다가도 나 혼자만 생각하는 이기적인 행동일 거 같아 머뭇거리기도 했다. 생각이 깊어지고 배려하는 마음이 많아질수록 그 선택은 어려운 일이었다. 시간이 흐르면 흐를수록 꿈은 멀어지는 듯했다. 열정은 점점 식어가고 결국 나와 먼 이야기처럼 남들을 부러움으로 바라보게 된다. 하지만 나의 인생을 누가 대신해줄 수는 없다. 길지도 짧지도 않은 나의 소중한 인생을 먼 훗날로 기약하기엔 너무나 아까운 시간이다. 내 꿈은 그 시간을 기다려주지 않았다. 시간이 흐를수록 나의 마음과 함께 용기도 사라져버렸다.

　적당한 시기는 내가 지금 바라고 있을 때이다. 하고픈 마음과 진실로 원하는 것이라면 얼마든지 자신의 시간을 쪼개서 진행하면 되는 것이다. 그런 당신을 누구도 비난할 수는 없다. 그들이 당신의 인생을 보상해줄 수 있을 것 같은가? 남들을 위해서 살았던 당신에게 남은 것은 그들의 행복일 뿐이다. 당신의 행복은 당신에게서 찾아야 한다.

몇 해 전에 집에 도둑이 들어 집안에 있는 보석들을 모조리 가지고 사라진 적이 있었다. 나의 액세서리들은 비싼 것이 그리 많지 않았기에 별로 아까울 것이 없었지만 엄마의 것은 달랐다. 내가 사회 초년생일 때 돈을 모아서 처음으로 엄마한테 값나가는 선물을 해드렸던 귀걸이도 있었고, 장가가는 엄마의 남동생이 엄마를 위해 팔찌를 선물해준 것도 있었고, 할머니가 생전에 끼고 계시던 의미 있는 귀금속도 있었다. 늘 자식을 위해서 고생만 하셨던 어머니를 위해서 하나씩 선물해 드렸던 액세서리가 아까워서 제대로 껴보지도 못한 것들이었다. 그런 엄마를 위해 반지를 사드리려고 엄마와 함께 백화점에 갔다.

"엄마. 이거 어때? 예쁘다."
"이거 얼마니? 아니야. 됐어. 그냥 가자."
"한번 껴보기라도 해봐. 뭐 어때. 껴보는 건 돈 안 들어."

가격에 놀란 엄마는 끼는 것조차 부담스러워했다. 자식에게 부담을 주는 것이 싫으셨던 것이다. 사지 않으면 돌아가지 않겠다고 하면서 제일 예뻐 보이는 것으로 골라서 엄마 손가락에 끼워보았다. 엄마도 맘에 드는 눈치셨다. 그날 그 반지 하나를 사서 엄마 손가락에 끼워드렸다.

"엄마, 이제 아낀다고 장농 속에 넣어두지 마. 반지는 끼라고 있는 거야."

"그래. 알았어. 고마워."

"그리고 이제 아끼지 마. 엄마 하고 싶은 거 다 하고 살아. 그렇게 아꼈던 거 한순간에 사라진 거 봐봐. 지금 할 수 있을 때 다 누렸으면 좋겠어."

"그럴게. 고마워. 딸."

엄마는 단 한 번도 자신의 삶을 제대로 누려본 적이 없었다. 무슨 일이든 가족만 생각하고 가족이 행복하기만 바라셨다. 그런 엄마에게도 꿈이 있었다. 그러나 그 꿈도 세월이 흘러 이제는 용기를 내지 못한다. 나중에 우리를 다 키워 냈을 때를 기다리던 엄마는 지금 이 순간에도 늘 자신보다 여전히 가족을 위해 걱정한다.

하지만 나는 하고 싶은 일에 자신 있게 도전하고 있다. 상황을 직면하고 그 앞에 놓인 문제들을 하나씩 풀어가면 그만이다. 막연한 생각은 늘 걱정 앞에 꿈을 멈추게 만든다. 시도할 수 있는 용기만 있으면 된다. 지금까지 할 수 없었던 건 시도하지 않았기 때문이다. 자신이 이루고 싶은 것에 한 걸음씩 나아가다 보면 어느새 이만큼 와버린 당신을 보게 될 것이다. 더 이상 자신의 처지만 탓하며 당신의 진짜 인생을 놓치지 마라.

6

인생의 모든 문제는 결국 감정 문제다

　상처를 받고, 억울해하고, 분한 마음을 삭히면서 다독여 보지만 쉽지가 않다. 잘 지내다가도 불쑥 떠오르는 안 좋은 감정들로 또다시 어둠 속으로 들어가버린다. 표현을 하지 않겠다고 혼자 감추려고 해도 결국 감정들은 들켜버리고 만다. 나의 생활이 하루아침에 엉망이 되었던 건 어떤 특별한 일이 있었다기보다 나의 기분이 특별히 좋지 않았던 때였다.

　기분 하나로 금세 행복해지기도 하고 불행해지기도 한다. 참을 수 없는 감정 앞에서 속수무책으로 무너져버릴 때면 이성과 사리분별을 잃게 된다. 그러다 보면 나 자신도 알 수 없는 무모함이 나를 지배해버린다. 그때의 순간은 나를 놓지 않으려 했던 마음과 또 다른 한편으로는 '나도 이제 몰라. 될 대로 되라고.'라고 나 자신을 포기하고 싶은 마음이 자리 잡게 된다. 그렇게 나의 기분대로 길을 가다 보면 잘못된 길로 들어서기도 하고 이미 일어난 일에 후회가 밀려들기도 한다.

나의 기분을 최대한 끌어올려보려 노력하고 되도록 부정적인 감정은 밀어내보려고 애썼다. 누군가가 나에게 하는 쓴소리도 겸허히 받아들이고 그것이 나에게 약이 될 수 있기를 바랐고, 위기라고 느껴질 때도 그것 역시 인생을 배워가는 과정으로 받아들일 수 있는 긍정의 마음을 가지려고 했다. 그러다가도 금세 나의 마음이 느슨해질 때면 보채지 않고 충분히 시간을 주려고 했다. 조급해질수록 나에게 또다시 채찍질할 것이고 금세 지쳐버리고 포기하게 될 것이란 걸 알기 때문이다.

인생의 희로애락을 느끼는 삶 속에 우리가 느끼는 감정은 늘 잔잔하게 흐를 수만은 없다. 때로는 기뻐하기도 하고 화를 내기도 하며 슬픔과 즐거움이 교차하는 것이 우리의 인생이다. 감정이 풍부할수록 우리의 삶은 더욱 풍요로워진다. 인생을 살아가며 겪는 우리의 감정이 얼마나 예민한 것인지를 깨닫게 된다. 그러니 감정의 기복이 많은 것은 특별히 잘못된 것이 아니다. 다만 우리의 마음이 조금 더 편해지기 위해서는 그런 감정을 조절할 수 있는 방법이 필요하다.

참고 있는 나를 누군가 툭 치면 울컥하고 쏟아내고 어깨만 툭 쳐도 발끈해하며 억눌렸던 감정이 폭발할 것만 같던 지난날들과 다르게 지금 나는 조금씩 마음을 다스리는 훈련을 해나가고 있다. 그 과정 속에서 감정을 배워가면서 조금씩 평온해지기 시작했다.

우리의 감정을 이해하면 조금 더 감정을 수월하게 다룰 수 있을 것이다. 그 감정에 대해 3가지를 기억하자.

첫째, 감정은 시간에 따라 변한다.

당장 화가 나 있는 당신에게 제일 먼저 빼앗아가는 것은 인내심이다. 도저히 참을 수 없는 순간에 당신이 할 수 있는 일을 잠깐 멈추고 아무것도 하지 않는 것이다. 당신의 마음이 진정될 때까지 기다려라. 한 시간이든, 하루만이라도 아무 생각하지 말고 자신의 마음이 가라앉을 때까지 기다리자. 그리고 안정이 되었다면 그때부터 문제에 대해 다시 생각해보자. 맨 처음 당신이 하고 싶었던 행동이나 말이 달라져 있다는 것을 알게될 것이다. 반대로 너무 기쁨에 흥분이 되어 있는 상황에서도 마찬가지다. 모든 감정은 최고조로 극에 올라 있을 때 현명한 판단을 할 수 없게 만든다. 시간이 흐르면 당신의 감정은 다시 평온을 찾게 될 것이다. 그때가 바로 당신이 중요한 결정을 내릴 수 있는 시간이다.

둘째, 감정은 드러내는 것이지 묻어두는 것이 아니다.

당신의 감정을 참고만 있다고 해서 능사는 아니다. 오히려 참았던 감정이 폭발하면서 자신도 걷잡을 수 없는 상황까지 이르게 할 수도 있다. 우리는 감정을 표현하는 것에 많은 걱정과 고민을 한다. 자신의 감정 표현으로 상대와의 관계가 잘못될까 봐 우려하기 때문이다. 하지만 덮는다고 해서 그 관계가 좋아질 수 있을까? 더 좋은 관계를 원한다면 자신의 솔직한 감정을 드러내고 되도록 빨리 풀 수 있어야 한다. 그래야 상대도 당신도 둘 다 놓치지 않게 된다. 감정을 드러내는 것이 나쁜 것은 아니다. 당신의 마음을 알리는 것이다. 보이지 않는 마음은 자기 자신도 모를 때가 많다. 하물며 상대가 당신의 마음을 헤아려줄 때까지 기다리는 것은 시간낭비다. 오히려 그것이 서로에게 불필요한 감정싸움이 되고 만다. 서로의 마음을 이해할 수 있는 첫 단계는 대화이다. 서로의 진심을 대화로 나눌 수 있을 때 더 가까워질 수 있다.

셋째, 우리의 마음은 매일 가꿔야 한다.

마음은 우리가 방심한 틈을 타 금세 흐트러지기 때문이다. 매일 운동으로 몸을 단련시키는 것처럼 우리의 마음도 단련되지 않으면 한없이 약해질 수 있다. 처음부터 마음이 단단한 사람은 없다. 또한 어느 순간 마음이 단단해지는 것도 아니다. 마음은 꾸준한 보살핌이 필요하다. 아침에 일어나는 순간부터 잠자는 순간까지 마음을 들여다보며 살펴야 한다. 그날의 감정을 점검해서 약해져 있는 당신을 발견하게 되었을 때 다시 마음을 잡을 수 있도록 위로와 격려를 해주어야 한다. 실제로 당신은 작은 말 한마디나 짧은 명언이나 글귀로 힘을 얻기도 했을 것이다. 위로는 그렇게 특별한 곳에서 찾지 않아도 우리 주위에 많이 널려 있다.

무엇보다 부정적인 생각이나 글을 멀리하자. 나쁜 기운은 긍정보다 더 쉽게 물든다. 남들에게 쏟아내는 비난이나 부정적인 언행은 곧 자신에게 돌아올 수 있다는 것을 명심하자. 당신의 마음을 맑게 해주는 건 긍정을 바라볼 수 있는 자세이다. 한때는 감정을 다루는 것이 서툴러 내 감정을 어쩌지 못해 혼자 괴로워하는 날이 많았다. 작은 것에도 늘 흔들리는 감정 때문에 나의 삶은 늘 불안했다. 자신의 인생을 돌아보면 감정이 이끈 대로 살아온 경우가 많다. 힘들어서, 괴로워서, 지쳐서, 변심해서. 그 순간에 우리는 선택해야 했다. 우리 감정이 이끄는 대로 살아가는 길이라면 조금도 감정을 놓쳐서는 안 된다.

다행히도 감정은 우리 스스로 얼마든지 조절할 수가 있다. 인생이라는 무대 위에서 배우가 되어 얼마든지 나의 감정을 선택하여 연극을 펼치기 시작한다. 슬픈 감정을 잡고 눈물을 흘려보고 광대를 힘껏 들어 올리며 행복한 표정을 지어보는 것이다. 그러다 보면 그 감정에 녹아들어 어느새 자신의 삶도 그 자체가 되어 있을 것이다. 지금껏 환경을 탓하며 지내던 세월을 돌아보니 결국 문제는 나에게 있었음을 깨닫게 되었다.

7

거침없이 세상으로 나아가라

우리는 가끔 자신감을 잃어버릴 때가 있다. 잘해오던 일도 막상 두려워질 때가 있고, 어느 순간 자신이 바보같이 느껴질 때도 있다. 때로는 지난날의 과거를 떠올리며 현재를 아파하기도 하고 지금의 행복이 얼마 못 가서 사라지게 될까 봐 불안해하기도 한다.

자신의 내면 속에서 자신과 싸우면서 이기는 순간보다 지는 날이 많아지고 그러다가 점점 움츠러드는 자신을 발견하게 될 때 세상으로 나아가기가 두려워진다.

세상은 우리에게 많은 것을 요구한다. 그 일에 어울리는 스펙과 외모를 갖추어야 하고 사람들과 조화를 이룰 수 있는 인성이 되어야 하며, 최선을 다하는 그들의 패기와 열정을 원한다. 그들에게 만족스러운 사람이 되기 위해 우리는 끊임없이 달려간다. 수많은 사람들과 경쟁을 해야 하면서도 서로 응원해줘야 한다. 우리는 서로 경쟁자이면서도 동료가 되고 친구가 된다.

세상이 요구하는 것은 나 스스로에게도 마찬가지다. 우리는 우리 자신에게도 관대하지 못하다. 조금 더 잘하고 조금 더 빠르기를 바라다 보니 자신의 대한 만족도는 늘 아쉽기만 하다. 자신의 한계를 뛰어넘으려 자신을 채찍질하며 그만큼 오른 당신에게 칭찬을 해주는 시간도 없이 계속 달려갈 생각만 한다. 그건 아마도 우리가 달리는 것보다 세상이 이미 앞질러가고 있기 때문일 것이다.

"넌 그 나이에 뭐 하고 있는 거야?"

누군가는 숫자를 매우 중요하게 생각한다. 숫자에 맞는 생활 수준과 사회적 위치에 있지 않으면 낙오자가 되기라도 하는 것처럼 속도를 정해 놓고 시간을 재촉한다. 어쩌면 주변에 그런 생각들이 많다 보니 우리 스스로도 속도에 집착하고 있었는지 모른다. 하지만 세상의 속도에 못 미쳤다고 해서 낙심할 필요는 없다. 넓은 세상에서 우리가 서 있을 곳을 제대로 찾기만 하면 되는 것이다.

인생은 속도가 아니라 방향이다. 당신이 바라는 행복을 찾는 것이 인생의 목표가 되어야 하는 것이다. 조금 더디더라도 주눅 들 필요는 없다. 자신에게 필요한 것은 꿈을 잃지 않은 것이다.

꿈을 잃어버리면 자신이 가고자 하는 길을 잃게 된다. 아무런 목적지 없이 빨리 가는 것은 아무런 의미가 없다. 남들보다 뒤처졌다고 해서, 남들이 당신을 이해 못 한다고 해서 기죽지 마라. 인생에 정해져 있는 길은 없다. 당신이 행복해질 수 있는 길을 걸어가는 것이 옳다.

누군가의 시선이 두려워서 용기를 내지 못하고 포기한다면 먼 훗날 후회와 미련이 남을 것 같았다. 그래서 나는 넘어지더라도 도전하고 싶었다. 그래야 나는 참 잘 살아왔다고 말할 수 있을 테니까 말이다. 자신이 부족하면 부족한 대로 자신을 받아들이고 그 모습까지도 사랑할 수 있어야 한다. 어차피 완벽한 사람은 없고 완벽한 삶도 없다.

우리 자신보다 여건이 좋지 못한 사람들도 성공의 신화를 쓰지 않았던가. 성공자는 정해져 있는 것이 아니다. 실패가 될 것을 염려하고 두려워하며 포기하는 것이 실패이고 도전하는 자가 성공하는 것이다. 신은 공평하다. 어떤 사람에게는 완벽함을 주는 것처럼 보이기도 하지만 실상은 그들에게도 말하지 못할 고충이 있다. 부족한 것이 많은 나 역시 남들보다 뛰어난 강점 하나를 주셨을 것이고, 그것을 발견하는 건 오롯이 나의 몫이다.

30대는 열정이 가장 많았던 나이다. 경험을 가장 많이 쌓아가는 시기이고, 그 과정 속에서 선택을 해야 하는 순간도 많았다. 그리고 그 선택들 속에서 책임감을 배우면서 조금씩 성숙해졌다. 그러나 한편으로는 많이 불안해했던 시기이기도 했다. 그 속에서 겪었던 갈등으로 나의 삶에 회의를 느끼기도 했고, 이 길이 나의 길이 맞는 것인지 의심도 했다.

하지만 돌아보면 조금 더 단단한 나를 만들기 위한 성장통의 과정이었다. 이제 40대에 접어들고 있는 나는 또다시 배움의 길을 맞이하고 있다. 다 알 것 같은 세상인데 한 단계씩 올라갈 때마다 여태 보지 못했던 새로운 길이 보이기 시작한다.

그러므로 40대의 인생은 나를 더욱더 성장시킬 것이다. 욕망 앞에 위엄을 잃지 말고, 외적인 허영심보다 마음을 채우는 것을 바라보고 내 안에 자리 잡고 있는 미움이 사라지길 바란다. 그래서 나도 상대도 다치지 않게 서로 보듬어주며 함께 행복을 느끼고 싶다. 나이가 든다는 건 꼭 늙고 시들어가는 것이 아닌 인생을 조금 더 알아가고 자라가는 것일 것이다. 그래서 앞으로의 인생은 이전보다 훨씬 더 희망적일 수밖에 없다.

불안했던 마음과 걱정은 자신에게 놓인 상황 때문이 아니라 마음에서 비롯된다. 자신을 믿고 있다면 아무리 상대가 흔들더라도 흔들리지 않는다. 스스로도 자신을 믿지 못하기 때문에 남들로부터 스트레스를 받는 것이다. 당신의 생각이 곧 인생의 나침반이다. 남들의 생각이 아닌 나의 가슴이 뛰는 곳을 향해 걸어가는 것이다.

누가 봐도 잘 살고 있는 것처럼 보이는 그들에게서 공허하다는 말을 들을 때가 있다. 처음에는 그 말을 이해할 수 없었다. '부족할 것이 없는데 무엇이 문제일까?'라는 생각이 들었다. 하지만 그들은 자신이 진정으로 원하는 것을 찾지 못했을 때가 많았다. 아무리 다 갖춰져 있어도 자신이 진짜 원하는 한 가지가 없다면 그 인생은 행복하지 않은 것이다. 그래서 그들은 아무리 가진 것이 많아도 마음은 가난할 수밖에 없다.

진정한 행복은 자신이 진짜 좋아하는 것을 찾고 느끼고 즐기는 것이다. 그것에는 어떤 시기나 속도가 필요하지 않다. 그리고 모든 것은 영원하지 않다. 지금 안주하고 있는 당신의 마음도 영원하지 않을 것이다. 인생이 허무하고 무력해지는 건 익숙해져 있는 삶에서 더 이상 아무런 의미를 찾지 못할 때다.

당신이 부족하면 어떠한가. 당신이 좋아하는 것에는 실력이나 능력이 중요하지 않다. 당신이 하고 싶은 마음만 있으면 되는 것이다. 간절한 것을 찾아라. 그리고 생각에서 멈추지 말고 당장 시도하라.

중요한 것은 시도하는 순간부터 행복을 느낄 수 있어야 한다. 결과가 나와야 행복해질 수 있는 건 즐기는 것이 아닌 의무가 되어 또다시 스트레스가 되고 만다. "천재는 노력하는 자를 이기지 못하고, 노력하는 자는 즐기는 자를 이기지 못한다."라는 말이 있다. 결과는 당신이 즐기고 있을 때 답을 줄 것이다.

우리의 인생의 목표는 행복이다. 그러므로 결과에 연연하지 마라. 자신을 있는 그대로 받아들일 때가 가장 용기 있고 빛날 것이다. 그러니 더 이상 자신을 숨기지 않아도 된다. 이제 세상은 당신을 맞이할 준비를 하고 있다. 이제 거침없이 세상으로 나아가라.

감정은 마음의
산소 같은 존재다

길을 걷다 가장자리의 풀 하나가 눈에 들어왔다. 그 풀은 다른 풀들과 조금은 달랐다. 풀밭이 아닌 단단한 땅에서 마치 화산의 분화구처럼 솟구쳐 갈라진 틈 사이로 자란 풀이었다. 나는 그 풀의 모습을 간직하기 위해 사진으로 담아두었다.

평소 같았으면 아무런 생각 없이 그냥 지나쳤을 것이다. 그러나 그날은 연약해 보이는 풀이 저렇게 단단한 땅을 뚫고 세상 밖으로 나온 것이 신기하고 대견스러워 보였다. 사실 그보다 세월과 마주하면서 점점 자신감을 잃어가는 나에게 가능성의 의미를 부여하고 싶었는지도 모른다.

내 마음을 다스리는 일 중 하나는 감정을 좋은 방향으로 흘러가게 하는 일이다. 하루에도 몇 번씩 기분이 바뀌고, 오늘 좋았던 감정도 다음 날에는 온데간데없이 사라져버리는 예민한 감정들 속에서 지치지 않고 끝까지 힘을 낼 수 있게 만드는 것이다. 그래서 나는 동기 부여가 될 만한 것들을 놓치지 않고 나에게 긍정의 메시지를 계속 전달하고 있다.

감정을 다루는 일은 어려운 듯 보이지만 사실 자신의 감정에 꾸준한 관심만 있다면 쉬운 일이다. 무관심 속에서 감정을 갑자기 이해하려 하면 어려울 수밖에 없다. 우리가 매일 숨쉴 수 있는 이유처럼 감정이 마음의 산소 같은 존재라는 사실을 기억해야 한다. 우리의 마음이 식어가지 않도록 열기를 계속 유지해줄 수 있는 관심이 필요하다.

이 책을 쓰고 난 후 주변 사람들에게 감정에 대해 글을 썼다고 했을 때, 사람들은 어떻게 썼을지 매우 궁금해했다. 나는 내 삶과 당신의 이야기도 일부 담겨 있다고 일러주었다.

어떤 특별한 논리와 이론에 바탕을 한 것이라기보다 삶 속에서 부대끼면서 얻은 나의 견해와 깨달음의 결론이었다. 머리로 이해하는 것보다 마음으로 느꼈을 때 움직일 수 있는 날이 많았던 것처럼 감정 역시도 서로 통할 수 있는 공감에서 출발하고 싶었다.

요즘 많은 사람들은 감정을 다루는 것에 관심이 많다. 그만큼 예전에 비해 정신적인 스트레스가 많고, 육체적인 피로보다 정신적인 피로가 더 크다는 것을 알기 때문이다. 이제는 먹고사는 문제가 아닌 마음의 풍요로움을 원한다. 결국 삶의 진정한 행복을 마음에서 찾으려는 노력이 필수적인 요소가 된 것이다. 그러므로 우리는 감정에 대해 끊임없이 고찰하고 발전해나가야 한다.